Das Schängche zeigt euch Aachen

Für Anton, Karlo und Alma

Allgemeine Hinweise:

Das vorliegende Buch wurde sorgfältig erarbeitet. Dennoch erfolgen alle Angaben ohne Gewähr. Weder die Autorin noch der Verlag können für eventuelle Nachteile oder Schäden, die aus den im Buch vorgestellten Informationen resultieren, Haftung übernehmen.

Sollte diese Publikation Links auf Webseiten Dritter enthalten, so übernehmen wir für deren Inhalte keine Haftung, da wir uns diese nicht zu eigen machen, sondern lediglich auf deren Stand zum Zeitpunkt der Erstveröffentlichung verweisen.

Sabine Mathieu

Das Schängche zeigt euch

Aachen

Et Schängche zeijscht üch Oche

MEYER & MEYER VERLAG

Das Schängche zeigt euch Aachen
Bibliografische Information der Deutschen Nationalbibliothek
Die Deutsche Nationalbibliothek verzeichnet diese Publikation in der
Deutschen Nationalbibliografie; detaillierte bibliografische Daten sind im Internet
über http://dnb.d-nb.de abrufbar.

© 2021 by Meyer & Meyer Verlag, Aachen
Auckland, Beirut, Dubai, Hägendorf, Hongkong, Indianapolis, Kairo, Kapstadt,
Manila, Maidenhead, Neu-Delhi, Singapur, Sydney, Teheran, Wien
 Member of the World Sport Publishers' Association (WSPA)
Gesamtherstellung: Print Consult GmbH, München

MIX
Paper from
responsible sources
FSC
www.fsc.org
FSC® C084279

ISBN 978-3-8403-7778-5
E-Mail: verlag@m-m-sports.com
www.dersportverlag.de

Inhalt

Hazzlich welkomme en
Oche,
ming Heämetstadt!

Übersichtskarte
Sehenswürdigkeiten

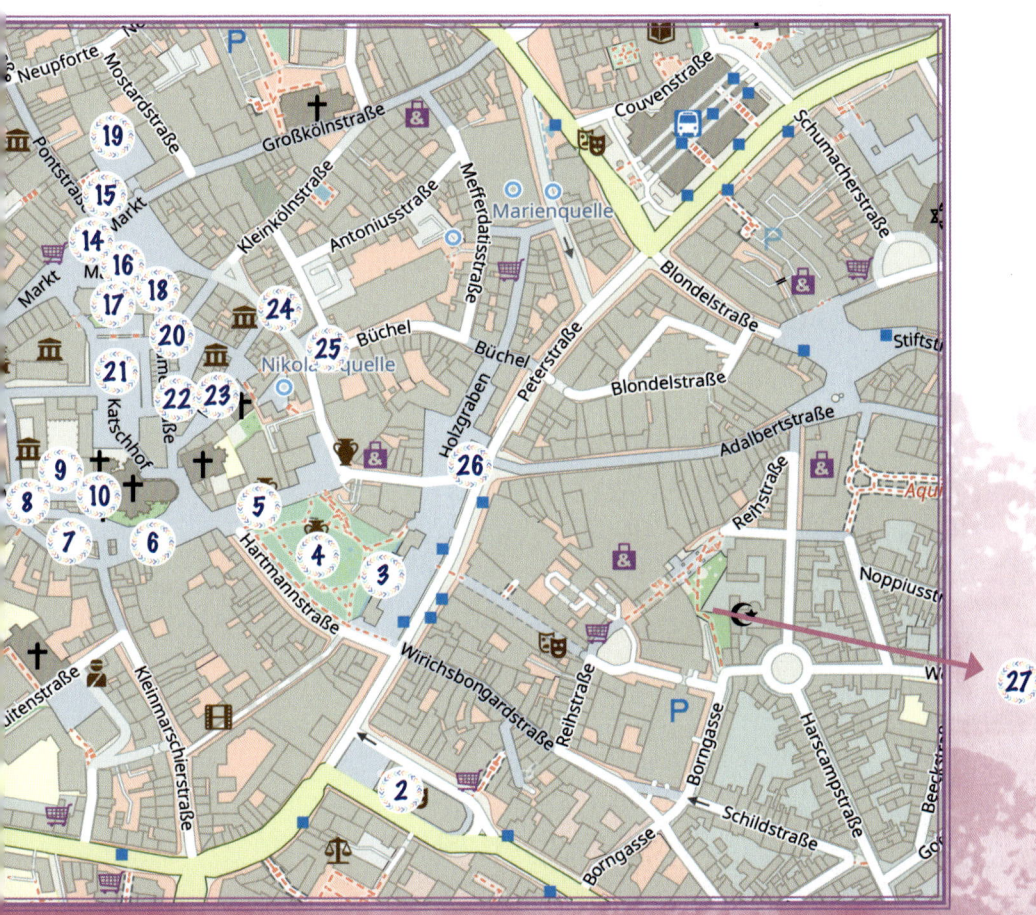

1

Begrüßung durch das Schängche

> Ich bin das Schängche, das bedeutet „Hänschen". Mein Name kommt aus dem Französischen. „Jean" heißt „Hans". Das wird in Aachen wie „Schang" gesprochen.

Jodden Daag zesame, das heißt Guten Tag zusammen, ich bin das Schängche, das bedeutet „Hänschen". Mein Name kommt aus dem Französischen. „Jean" heißt „Hans". Das wird in Aachen wie „Schang" gesprochen. Ich bin eine Stockpuppe und spiele seit 1921, also seit 100 Jahren, für große und kleine Kinder im Aachener Puppentheater, dem Öcher Schängche. Ich habe keine Angst vor dem Teufel, dem Krippekratz, ich bin schlau und gewitzt, und meine Sprache ist „Os Heämetsproch" (Unsere Heimatsprache), das Öcher Platt.

Meine treuen Beglei-ter sind meine Freun-de Veries (Xaverius) und Nieres (Werner). Das Jretche (Gretchen) ist meine Verlobte, und ich wohne bei Tant Hazzor (Tante Herzader). Der Polizist Noppeney und der Teufel „Krippekratz" gehören zu unserer Puppenbühne wie das Stinkewasser zu Aachen.

Begrüßung
Scan mich

Wir alle wohnen in Aachen am Löhergraben 22. Dort steht eine alte Tuchfabrik, die von den Aachenern wegen ihrer Bogenfenster „Barockfabrik" genannt wird. Hier haben wir

Hazzor
Tante Herzader

Veries
Xaverius

Nieres
Werner

Jretche
Gretchen

Noppeney
Der Polizist

Krippekratz
Der Teufel

unser „Stockpuppentheater", und darauf sind wir besongesch (besonders) stolz. Wir spielen Stücke für Kinder und Erwachsene, machen Kabarett und feiern sogar mit unseren Besuchern Karneval. Das macht viel Spaß.

Heute ist ein besonderer Tag. Ich verlasse mein Theater, um euch meine Heimatstadt Aachen, die wir Öcher (Aachener) „Oche" nennen, zu zeigen.

Oche kann man ganz leicht ausspre-chen: Wenn du Wo-

Hymne
Scan mich

che sagst und das W weglässt, dann sagst du richtig Oche! Wenn du Löcher sagst und das L weglässt, dann sprichst du Öcher richtig aus. Siehst du, jetzt kannst du schon zwei Wörter in Öcher Platt. Mit Öcher ist übrigens die gesamte Einwohnerschaft von Aachen gemeint. Die Aachener Frauen heißen „Öcher Mäddche" und die Männer sind „Öcher Jonge".

Als dann, los geht's!
Losse vür aafange!

2

Das Theater

(Karl Friedrich Schinkel/Johann Peter Cremer, 1822-1825)

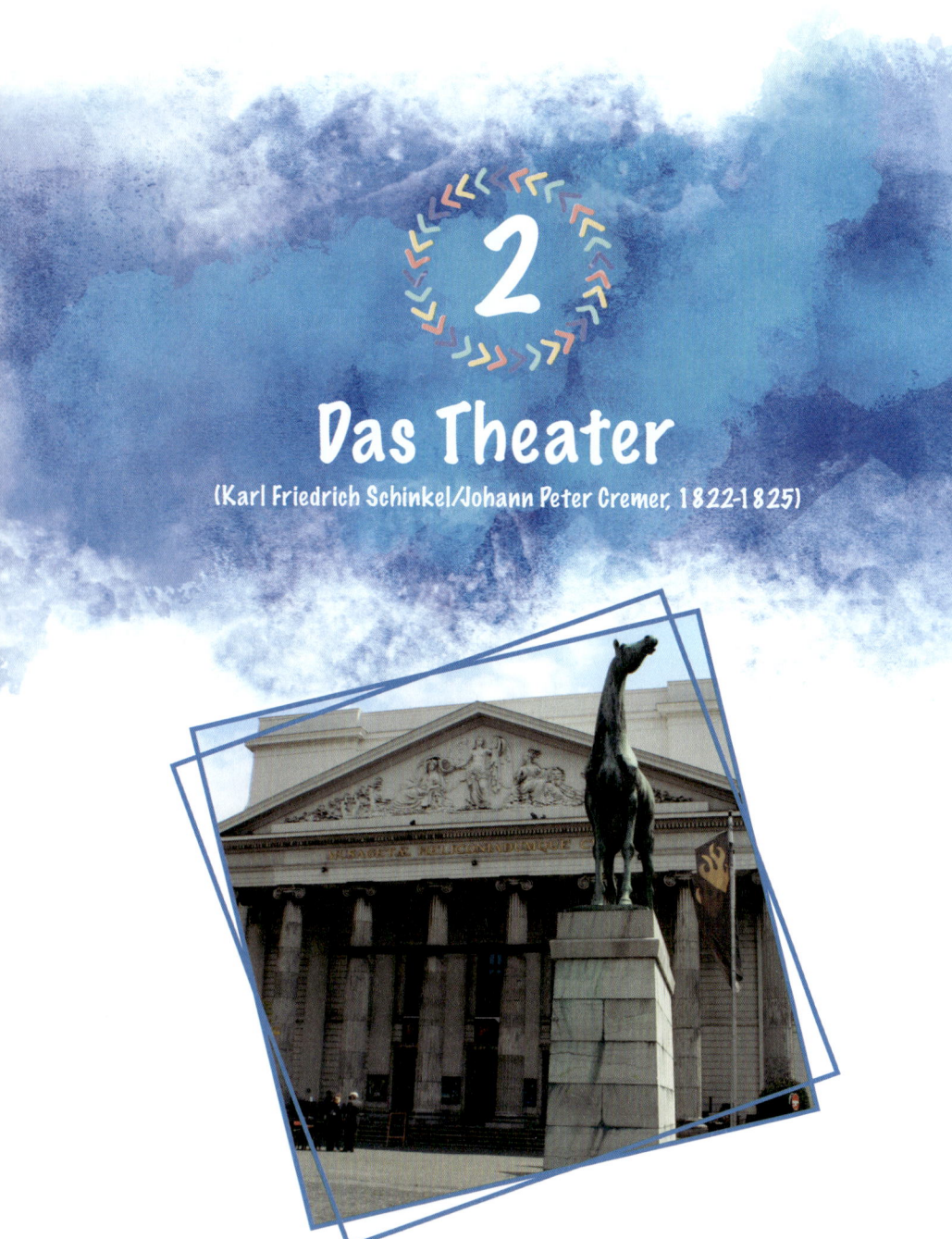

Stelle dich vor das Theater Aachen und schaue genau hin. Der Baustil erinnert an den Elisenbrunnen. Beide Gebäude sehen aus, als hätten die Römer sie gebaut. Das ist kein Zufall. Der Architekt Karl Friedrich Schinkel hat das Theater zur selben Zeit wie den Elisenbrunnen entworfen. Es sollte ein Tempel – so hießen bei den Römern die Kirchen – für die Kunst sein.

Wir Puppen dürfen hier nicht spielen. Im Theater stehen echte Menschen auf der Bühne. Jedes Jahr, immer vor Weihnachten, gibt es ein Stück für Kinder. Dann kannst du das Theater mal von innen sehen.

Auf der riesigen Bühne werden Theaterstücke mit Schauspielern aufge-

führt. Es gibt auch ein Musiktheater. Dann werden Opern und Musicals gespielt. Eine Oper ist ein Theaterstück, in dem alle Texte gesungen werden. Das ist echt anstrengend. Opernsänger haben eine ganz besondere Ausbildung. Sie studieren an der Musikhochschule, und die ist gleich neben dem Theater. Außerdem braucht man einen Opernchor und natürlich das Orchester. Das sitzt vor der Bühne in einem Loch, dem Orchestergraben, damit die Zuschauer einen freien Blick auf die Bühne haben.

Lustig ist der Dirigent. Die Zuschauer sehen nur seinen Kopf und manchmal die Arme. Dabei ist er sehr wichtig. Er muss dafür sorgen, dass jeder Musiker im richtigen Moment einsetzt. Und er gibt den Sängerinnen und Sängern Zeichen. Ohne Dirigent würde eine Aufführung durcheinandergeraten. Er hat meist einen kleinen Stab in der Hand. Damit gibt er den Takt, also das Tempo, vor. Deshalb heißt er der „Taktstock" oder einfach Dirigentenstab.

Der Eingang vom Theater sieht noch so aus wie vor 200 Jahren. Über den Säulen siehst du ein Dreieck. Dort sind Figuren abgebildet. Das nennt man ein Relief. In der Mitte steht ein

Innenraum des Theaters

Dschungelbuch
Scan mich

Genius, das ist ein besonders begabter Mensch. Er überreicht Lorbeerkränze an zwei Frauen.

Die Frauen sollen Musen sein. Sie geben den Künstlern die Ideen für ihre Kunst. Die eine Muse heißt Thalia. Sie ist für die Komödie, also die lustigen Theaterstücke, zuständig. Die andere heißt Melpomene, sie wacht über die Tragödien, also die traurigen Theaterstücke.

Das Theater hat einen großen Saal mit 730 Plätzen. Unter dem Dach gibt es noch einen kleinen Thea-

tersaal. Er heißt die Kammer. In der Dachkammer können 168 Zuschauer Platz nehmen.

Der fröhliche Hengst
(Gerhard Marcks, 1963)

Vor dem Theater wiehert der fröhliche Hengst. Ich glaube, er freut sich schon auf den Besuch der vielen Pferde zum nächsten Reitturnier. Wenn du dir den Hengst mal ganz genau ansiehst, kannst du feine Linien an seinem Hals erkennen. Die Skulptur war nämlich so groß, dass sie beim Transport nach Aachen nicht richtig auf den Anhänger passte. So hat man dem armen Pferd den Kopf ab-

Der fröhliche Hengst

> Meine Freundin Jretche geht besonders gerne zum Voltigieren.

geschnitten. Vor Ort wurde er dann kurzerhand wieder angeschweißt.

Info CHIO

Das Aachener Reitturnier hat einen lustigen Namen. Man nennt es „CHIO" – gesprochen wird es Tschio. Es ist die Abkürzung für einen ziemlich langen französischen Namen: Concours Hippique International Officiel. Was auf Deutsch „Internationales offizielles Reitturnier" heißt. Jedes Jahr kommen die besten Reiter der Welt nach Aachen.

Es gibt fünf verschiedene Wettbewerbe: Springreiten ist sehr populär, weil die Regeln einfach sind. Die Pferde müssen über Hindernisse springen. Dabei dürfen sie keine Stangen abwerfen. Dressurreiten finde ich schon schwieriger. Dabei „tanzen" die Pferde nach Musik. Sie müssen dabei vorgegebene Schritte zeigen. Ich gebe zu, davon habe ich als Holzpuppe keine Ahnung.

Eine Disziplin heißt Vielseitigkeit. Sie besteht aus drei Prüfungen: Die Pferde müssen springen, Dressur vorführen und über eine Geländestrecke reiten. Besonders beliebt sind die Kutschen.

Vor eine Kutsche werden vier Pferde gespannt. Das nennt man Vierspänner. Auch die Kutschen fahren durch das Gelände. Dabei müssen sie ganz enge Kurven durch Hindernisse fahren. Das ist echt spannend, weil auf den Hindernissen kleine Bälle liegen, die nicht herunterfallen dürfen. Die Geländeprüfungen finden immer samstags statt. Viele Öcher kommen dann mit Picknickkörben zum Turnier.

Meine Freundin Jretche geht besonders gerne zum Voltigieren. Dabei läuft das Pferd an einer langen Leine, der Longe, im Kreis. Die Reiter sitzen nicht, sie turnen auf dem Pferderücken, mal einzeln und manchmal sogar als Mannschaft. Dabei tragen sie tolle Kostüme, fast wie Zirkusartisten.

Turnier
YouTube:
https://www.youtube.com
/watch?v=
6CG7975jl2A

3

Der Elisenbrunnen

(Karl Friedrich Schinkel ab 1822, Ausführung Johann Peter Cremer)

Der Elisenbrunnen ist ein seltsames Gebäude. Es sieht so aus, als wäre er schon von den Römern gebaut worden. Das stimmt aber nicht. Der Elisenbrunnen wurde erst vor 200 Jahren gebaut. Der Architekt hieß, wie beim Theater, Karl Friedrich Schinkel. Er war Baumeister des Königs und wohnte in Berlin.

Zu dieser Zeit reisten viele reiche Leute nach Aachen. Sie machten keinen Urlaub, sondern kamen zur Kur, weil sie Probleme mit der Gesundheit hatten. Am Elisenbrunnen konnten sie das heiße Aachener Thermalwasser trinken und dabei in den Säulengängen ein wenig umhergehen. Viel Spaß machte es nicht, denn das Wasser stinkt und schmeckt salzig. Man kann auch im Aachener Wasser baden, aber davon später.

Den Namen hat der Brunnen von Prinzessin Elisabeth Ludovica von Bayern. Ihre Büste — das ist nur der obere Teil einer Figur — hängt im runden Teil des Brunnens, er wird Rotunde genannt. Weil der Name der Prinzessin so lang war, nannte ihre Familie sie kurz „Elise". Schaue dir die Dame an, sie hat eine sehr kunstvolle Frisur. Die musste ihre Kammerzofe jeden Tag mühsam neu stecken.

Gerade als die Aachener den Brunnen bauten, hat sie den Kronprinzen von Preußen geheiratet. Weil dessen Vater, Friedrich-Wilhelm III., der dritte König mit diesem Namen, gerade auch König über Aachen war, wurde der Elisenbrunnen nach der Prinzessin benannt. Der Platz vor dem Elisenbrunnen heißt übrigens wie der König: Friedrich-Wilhelm-Platz.

Die Aachener Quellen oder warum stinkt es hier?

Vielleicht hast du dich schon gewundert, warum es hier so übel nach faulen Eiern stinkt? Dafür ist das Wasser verantwortlich. Es plätschert in die beiden dunklen Becken in der Rotunde. Vorsicht, wenn du es anfasst, es ist tat-

Elisenbrunnen

sächlich heiß. Das Wasser kommt aus etwa 1.500 Metern Tiefe, das sind 1,5 Kilometer! Dafür musst du fast eine halbe Stunde laufen.

„Das Wasser kommt direkt aus der Hölle."

Der Krippekratz (der Teufel) würde sagen: „Das Wasser kommt direkt aus der Hölle." Im Innern ist die Erde voller Feuer, und deshalb ist das Wasser auch oben immer noch warm. Am Elisenbrunnen fließt es aus einer Quelle, die Kaiserquelle heißt. Sie entspringt nicht weit von hier am Büchel. Der Platz wird Kaiserbad genannt, weil hier Kaiser Karl so gerne gebadet hat. Wenn man die Temperatur an der Quelle misst, zeigt das Thermometer 52,8 Grad Celsius.

Aachen hat noch mehr heiße Quellen. Die heißeste findest du in Burtscheid. Dort ist das Wasser fast 74 Grad Celsius warm.

Aber warum stinkt das Wasser?

Du musst dir das so vorstellen: Es regnet, und ein Tropfen Regen sickert in die Erde. Nun verschwindet er nicht einfach, sondern kriecht immer tiefer in die Erde hinein. Dabei bekommt der Tropfen Wasser von allen Steinen, an denen er vorbeifließt, ein kleines Geschenk: Mineralien.

Dazu gehören auch schwefelhaltige Steine. Schwefel braucht man, um Feuer zu machen. Zusammen mit dem Wasser wird er zu Schwefelwasserstoff. Tja, und nach 5.000 Jahren schließlich kommt unser Wassertropfen wieder zur Erde zurück. Durch Erdbeben ist der Aachener Untergrund voller Spalten. Einige Spalten entstanden vor etwa 15.000 Jahren. Daraus quillt das mineralhaltige Wasser heiß heraus.

Und jetzt passiert etwas, das man eine chemische Reaktion nennt: Der Schwefelwasserstoff trifft auf Sauerstoff. Den brauchen wir zum Atmen. Wenn die beiden sich treffen, dann fängt es an zu stinken. Du kannst das Experiment ganz einfach wiederholen. Zertrete eine Stinkbombe, dann riecht es genauso.

Quellwasser

Die Heilquellen

Die Aachener Quellen sind als Heilquellen bekannt. Deshalb hat Aachen den Titel „Bad Aachen". Er wird heute nur noch selten benutzt.

Als es noch nicht so viele Medikamente zu kaufen gab wie heute, vertrauten die Menschen auf die Heilkräfte in der Natur. So galt das mineralhaltige Wasser als gutes Mittel gegen Krankheiten in den Gelenken. Heute kann man den Menschen auch mit Operationen helfen. Man setzt ihnen dann neue Knie oder Hüften ein. Anschließend können sie in Aachen eine Kur machen. Im Stadtteil Burtscheid gibt es dafür Kurkliniken. Dort nutzt man die heilenden Kräfte des Wassers für spezielle Gymnastik, das nennt man Physiotherapie.

Das Wasser lindert die Schmerzen auch bei Menschen, die an der Krankheit Rheuma leiden. Dabei entzünden sich die Gelenke. Außerdem wirkt es gut bei Problemen mit der Haut. Wenn es juckt, kannst du ein wenig Aachener Wasser auf der Haut verteilen.

Da man keine anderen Medikamente hatte, haben die Menschen das Wasser viele Jahrhunderte lang auch getrunken. Das hat zwar nicht immer, aber manchmal geholfen. Es soll sogar mal eine Kur gegeben haben, bei der die Kranken bis zu drei Liter am Tag vom Aachener Wasser getrunken haben. Das sollte man besser nicht tun, denn das Wasser kann auch Schaden anrichten: Es schmeckt salzig. Das Salz kann die Nieren schädigen oder bei älteren Leuten den Blutdruck hochtreiben. Und das ist nicht gesund!

Manchmal stehe ich am Elisenbrunnen und beobachte Leute, die sich das Wasser in Flaschen für zu Hause mitnehmen. Es gibt also doch noch Öcher, die auf unser Heilwasser schwören.

Info: Klassizismus

Der Elisenbrunnen sieht aus, als wäre er schon zur Zeit der Römer gebaut worden. Er ist aber viel jünger, nämlich nicht 2.000 Jahre, sondern erst 200 Jahre alt. Die Zeit der Römer und der Griechen nennt man das klassische Altertum. Entsprechend heißt der Baustil Klassizismus. Der war vor 200 Jahren sehr modern. Karl Friedrich Schinkel war zu seiner Zeit ein Stararchitekt. Er baute viele Gebäude für den König von Preußen.

Wer heute mal einfach aus Spaß im Öcher Wässerchen plantschen möchte, kann die Carolus Thermen in der Passstraße besuchen. Aber Vorsicht! Kinder bis zu sechs Jahren sollten nicht im Aachener Wasser baden und ältere Kinder nur sehr kurz. Da ist es wohl besser, du wartest, bist du älter geworden bist.

❝ Manchmal stehe ich am Elisenbrunnen und beobachte Leute, die sich das Wasser in Flaschen für zu Hause mitnehmen. ❞

Carolus Thermen

4

Der Elisengarten und wie Aachen entstand

Die archäologische Vitrine

Wenn du in die Vitrine hineinschaust, kannst du Mauern von den ersten Aachener Häusern sehen.

Der kleine Park hinter dem Elisenbrunnen heißt Elisengarten. Hier sitze ich gerne mit meinen Freunden Nieres, Veries und Jretche auf den großen Stufen. Manchmal erzählen wir uns Quatschgeschichten oder wir essen ein Eis aus der benachbarten Eisdiele.

Im Garten steht ein ovaler Bau aus Glas und Edelstahl. Es ist eine archäologische Vitrine. Eine Vitrine ist ein Ausstellungskasten aus Glas. Archäologisch heißt, man kann dort Steine und Mauern aus längst vergangenen Zeiten sehen. Die Ausgräber von diesen alten Steinen heißen Archäologen. Wenn du in die Vitrine hineinschaust, kannst du Mauern von den ersten Aachener Häusern sehen. Sie standen schon vor fast 2.000 Jahren hier.

Damals beherrschten die Römer die Welt. Du weißt, das sind die, die immer von Asterix und Obelix verklöppt werden. Uiii, da wäre ich gerne dabei!

Die Römer

Die Römer entdeckten im Aachener Tal die heißen Quellen. Das fanden sie prima, denn Baden gehörte zur liebsten Freizeitbeschäftigung eines Römers. Sie bauten am Ort mit den Quellen eine kleine römische Siedlung – einen „vicus". Den Mittelpunkt der Siedlung bildeten zwei Thermalbäder, riesige Badeanstalten, in denen man seine freie Zeit verbringen und Freunde treffen konnte.

Solche Bäder hatten viele verschiedene Räume. Die Badebecken hatten warmes und kaltes Wasser, es gab Dampfbäder und in den Umkleide-

Feuerstein wird geschliffen, um Messer oder Waffen daraus zu machen.

räumen sogar eine Fußbodenheizung. Deshalb trugen die Römer im Bad immer Holzlatschen.

Außerdem konnte man sich massieren lassen, es gab Friseure, man ließ sich rasieren, die Finger- und Fußnägel pflegen und zur Not konnte man sich bei Zahnschmerzen sogar die Zähne ziehen lassen. Du siehst also, es war für alles gesorgt, und die Bäder waren sehr schön mit Mosaiken dekoriert.

Ein Bad stand da, wo wir heute die Mayersche Buchhandlung finden. Wenn du neben dem Geschäftseingang ins Fenster schaust, siehst du einen großen Brocken aus Stein. Das ist nur ein kleines Stück, das von einem römischen Badebecken übrig geblieben ist. Das zweite Thermalbad haben die Archäologen unter dem Dom gefunden. Wenn man dort das Licht im Keller anmacht, kann man durch Glasscheiben im Domboden die römischen Reste sehen.

Beile aus Aachen

Die Römer waren jedoch nicht die ersten Menschen, die in Aachen gesiedelt haben. Schon einige tausend Jahre vor

Die Symbole in der Vitrine zeigen, wo Häuser und Mauern standen und wann sie gebaut wurden.

Der Schlagstein mit der Nummer 1

ihnen wohnten hier Menschen, die mit Feuerstein gearbeitet haben. Feuerstein wurde nicht zum Feuermachen benutzt: Bevor die Menschen Eisen gießen konnten, haben sie ihre Waffen für die Jagd oder Messer für das Haus aus Feuerstein gearbeitet. Den kann man so scharf schleifen, dass man damit sogar sehr große Tiere töten konnte.

Auf dem Lousberg haben die Forscher ein Bergwerk für Feuerstein gefunden. In der archäologischen Vitrine siehst du in der Mitte einen gelben Stein. Darauf liegt ein Würfel. Er trägt die Nummer 1. Dieser Stein war

vor fast 5.000 Jahren der Arbeitsplatz für einen Steinzeitmenschen, der hier den Feuerstein geformt hat. Aachener Beile waren damals begehrte Handelsware. Man tauschte sie gegen Waren, die es in Aachen nicht gab. Du kannst in der Vitrine also mehr sehen, als es auf den ersten Blick scheint. Die kleinen weißen Würfel sind mit unterschiedlichen Motiven gekennzeichnet: Die römischen Flaschen, sie heißen Amphoren, kennzeichnen die Mauern von den ersten Häusern, die hier standen. Also grob gesagt vom ersten bis zum dritten Jahrhundert. Die kleinen Tempel zeigen Mauern, die später gebaut wurden.

Der Name Aachen – woher stammt er?

Aachen heißt unser Städtchen, aber woher kommt dieser Name? Die Römer nannten Aachen vermutlich „Aquis Granni" – das heißt an den Wassern des Granus. Granus oder Grannus war ein Gott, der schon von germanischen Völkern als Heil- und Wassergott verehrt wurde.

Er passte also perfekt zu einem Ort mit heilenden Quellen. Später wurde Aachen auch einfach „Aquis" für Wasser genannt. Das Volk der Franken nannte das Wasser „Ach" oder „AHHA", das ist schwer auszusprechen. Aber daraus wurde der Name Aachen. Also überall dort, wo du ein doppeltes AA oder Ach oder AH im Namen einer Stadt oder eines Flusses findest, heißt der Platz nach Wasser. So ist Aachen also nach den heißen Quellen benannt.

Eigentlich darf Aachen sich „Bad Aachen" nennen. Das „Bad" ist die Bezeichnung für einen Kurort.

Ganz oben siehst du Würfel mit einem schwarzen Punkt und einem Kreuz darauf. Das sind Mauern aus dem Mittelalter, sie sind also fast 700 Jahre nach der Römerzeit gebaut worden. Es sind die letzten Reste eines Klosters, das hier mal gestanden hat.

Die Archäologen haben an dieser Stelle auch ganz seltsame Funde gemacht. So fanden sie Reste von Hirschgeweih.

Damit haben die Steinzeitmenschen den Feuerstein bearbeitet.

Außerdem fanden sie Tierknochen mit Löchern drin. Daraus haben die Mönche des Klosters Perlen gemacht. Die Perlen wurden auf Ketten aufgezogen, die man zum Beten benutzte. Diese Ketten nennt man Rosenkränze. Solche Rosenkränze hat man früher rund um den Dom an Leute verkauft, die nach Aachen kamen, um die großen Heiligtümer im Dom zu verehren. Es waren Souvenirs, also Reiseerinnerungen. Sicher hast du dir auch schon mal etwas aus dem Urlaub mitgebracht, das dich jetzt immer an diese Reise erinnert.

Wie Aachen entstand – die frühe Geschichte

Leider wissen wir nur sehr wenig über die Zeit der Römer in Aachen. Du wirst feststellen, dass unsere Geschichte immer sehr eng mit ihnen verbunden ist. Das kommt daher, dass die Römer in unserer frühen Geschichte fast ganz Europa und den Nahen Osten beherrscht haben. Sie führten ein Weltreich, waren bestens organisiert und hatten einen hohen Lebensstandard. Das kann man von unseren Vorfahren damals nicht behaupten. Die Römer nannten die germanischen Völker sogar Barbaren. Das sind ungehobelte Menschen.

Die Römer kamen über die Berge der Alpen und besiegten viele germanische Völker. Überall gründeten sie neue Städte und Dörfer. Sie sicherten die Gebiete mit Soldaten, die hießen damals Legionäre. Unter der Führung von Kaiser Augustus kamen die Römer schon ungefähr 20 Jahre vor Christi Geburt in unsere Region.

Damit die vielen Legionäre genug zu essen hatten, mussten neue landwirtschaftliche Betriebe gebaut werden. Daraus entwickelten sich Dörfer, die heute Städte sind. Du kennst vielleicht Düren und Jülich oder auch Heerlen. Dort war eine große Straßenkreuzung, denn die Römer waren Experten im Straßenbau.

Damit sie auch den Schiffsweg nutzen konnten, nutzten sie die vielen Flüsse der Region. Der größte von ihnen war die Maas. Sie fließt durch Belgien und die Niederlande.

Du hast sicher schon von Maastricht gehört. Dort befand sich ein Übergang über den Fluss. Also nannte man den Ort: Mosae Trajectum, das heißt Übergang über die Maas. Der Schiffsweg nach Aachen führte über den Fluss „Wurm". Die Wurm entspringt im Aachener Wald.

Aachen war für Getreideanbau nicht gut geeignet, weil es in einem Tal liegt. Aber hier fanden die Römer das heiße Wasser.

>> Das Stadtrecht hat Aachen 1166, wenige Tage nach der Heiligsprechung Kaiser Karls des Großen, bekommen. <<

eine Schutzburg, die mit einer hohen Mauer umgeben war. Dorthin konnten sich die Bewohner flüchten, wenn der Ort angegriffen wurde.

Die römische Zeit in Aachen dauerte fast 500 Jahre. Dann gelang es dem Volk der Franken, die Römer zu besiegen. Von nun an herrschten sie über unsere Gegend.

Das wussten sie zu nutzen, denn Baden gehörte zu ihrer liebsten Freizeitbeschäftigung (siehe Kap. 3).

So wurde aus Aachen ein Ort mit zwei großen Thermalbädern. Es gab auch eine größere Verwaltung. An der Körbergasse hat unser Stadtarchäologe Andreas Schaub Gedenksteine von „Benefiziariern" gefunden. Das waren hohe Beamte, die für die Römer arbeiteten. Dort, wo man den Büchel zum Markt hinaufgeht, wurden vor einigen Jahren die Reste einer herrschaftlichen Villa ausgegraben. Das Haus war mit feinsten Böden ausgestattet. Es wurde nicht sehr lange bewohnt, denn es ist leider schon früh abgebrannt.

Die römische Siedlung war ungefähr so groß wie die heutige Altstadt. Oben auf dem Markt gab es ein Kastellum,

Leider haben wir aus dieser Zeit keinerlei Informationen. Wir wissen nicht, wer hier wohnte oder wie groß Aachen damals war. Deshalb beginnt unsere eigentliche Stadtgeschichte erst mit Kaiser Karl dem Großen, der Aachen wieder bedeutend machte. Er ließ hier die größte Pfalz – so nannte man damals eine königliche Residenz – seines riesigen Reiches bauen. Aachen war deshalb schon zu seiner Zeit überall bekannt. Karls Sohn Ludwig, man nennt ihn den Frommen, hat ebenfalls die Aachener Pfalz bewohnt. Zwei Ereignisse jedoch waren entscheidend für Aachens Bedeutung in der Geschichte:

Als Karl am 28. Januar 814 starb, hat man ihn im Aachener Dom beigesetzt. Er liegt inzwischen in einem goldenen Schrein, dem Karlsschrein.

Das zweite Ereignis fand etwa 120 Jahre nach Karls Tod statt. Damals gab es in der Familie Kaiser Karls keinen Königssohn mehr. Frauen durften nicht herrschen. Es musste also ein neuer König gefunden werden. Es wurde Otto, dem man später den Beinamen „der Große", gab. Otto wollte jedoch da gekrönt werden, wo Karl der Große beerdigt war. Das war ihm wichtig. So konnte er der ganzen Welt zeigen, dass er der Nachfolger dieses bedeutenden Kaisers war. Also wurde Otto in Aachen gekrönt. Das war für unsere Stadt wie ein Lottogewinn. Denn von da an ließen sich in 600 Jahren 30 Könige und 12 Königinnen in Aachen krönen. Das hat Aachen über die Zeit Kaiser Karls hinaus zu großer Bedeutung verholfen.

Das Stadtrecht hat Aachen 1166, wenige Tage nach der Heiligsprechung Kaiser Karls des Großen, bekommen. Es war mit zahlreichen Privilegien verbunden. Dazu gehörte eine Zollfreiheit für Aachener Waren im ganzen Heiligen Römischen Reich. Außerdem durften die Öcher ihr eigenes Geld prägen.

Eine wichtige Auflage war jedoch der Bau der ersten Stadtmauer. Weil Kaiser Friedrich I. – Barbarossa (das heißt Rotbart) – den Aachenern den Bau der Mauer befohlen hatte, nannte man sie die „Barbarossamauer". Schon 70 Jahre später wurde jedoch ein zweiter Mauerring gebaut. Beide Mauern kannst du heute noch im Stadtplan erkennen.

Der Kreislauf des Geldes

(Karl Henning Seemann, 1976)

Geiz

Der runde Brunnen am Ende vom Elisengarten ist einer meiner Lieblingsbrunnen. Er heißt eigentlich der „Kreislauf des Geldes", wird aber meist nur „Geldbrunnen" genannt. Hier dreht sich alles um das Geld. Du glaubst es nicht? Dann passe bitte mal auf:

Der Brunnen hat eine runde Form, wie eine Geldmünze. Das Wasser kommt aus einem kleinen Rohr, dort, wo die drei Figuren stehen. Es dreht sich andersherum als die Zeiger einer Uhr, also gegen den Uhrzeigersinn. In einem Strudel landet es schließlich in dem Loch in der Brunnenmitte. Das Wasser zeigt uns den Kreislauf des Geldes an.

Dass das Geld immer wieder von Hand zu Hand geht, kennst du sicher aus dem Lied: Taler, Taler, du muss wandern ....

Auch am Brunnen wandert eine Münze von Hand zu Hand. Natürlich musst du sie dir vorstellen, eine echte Münze würde mit Sicherheit sofort gestohlen. Also fangen wir an:

Schaue auf die Hand der dicken Frau. Sie gibt einem Mann ein Geldstück in die Hand. Vielleicht bezahlt sie damit die Ware, die sie in dem Sack hat, den sie an ihre Hüfte presst. Sie gibt ihr Geld nicht gerne aus, denn sie zählt das Geld genau ab. Die Frau ist **geizig**.

Der Mann hat seine Hand weit ausgestreckt. Schaue auf seine Finger. Sie sind wie Krallen geformt. Er krallt sich das Geld. Und dann sieh in sein Gesicht. Du kannst seine Zähne sehen. Der Mann

Gier

Der Bettler

Unehrliche Geschäfte

kann es nicht erwarten, das Geld der Frau zu bekommen. Er ist **gierig**.

Aber wohin gibt er das Geld dann weiter? Seine linke Hand versteckt er hinter dem Rücken. Dort macht er ein Geldgeschäft mit dem nächsten Mann und zwar hinter seinem Rücken. Das heißt, dass dieses Geschäft nicht ganz ehrlich, also nicht legal, ist. Man nennt das auch **„schwarze Geschäfte",** weil sie im Verborgenen stattfinden.

Der Mann, der das Geld auf nicht ganz ehrlichem Wege kassiert, hat seine linke Hand weit ausgestreckt. Er wirft **gönnerhaft** eine Münze quer über den Brunnen zur nächsten Figur. Es ist ein Mann, der sich ganz weit vorbeugt

und dabei fast in den Brunnen fällt. Er ist ein **Bettler**, der versucht, die Münze aufzufangen.

Die vier zeigen uns die schlechten Seiten im Umgang mit dem Geld: **Geiz, Gier, unehrliche Geschäfte und Bettelei**.

Es gibt aber noch zwei Figuren am Brunnen. Schaue mal, wie entspannt der Vater und seine kleine Tochter aussehen. Der Papa zählt ein wenig **Taschengeld** für sein Kind ab. Die Kleine schaut aufmerksam in sein Gesicht. Bestimmt gibt er ihr ein paar Tipps, wie sie sich das Taschengeld am besten einteilt. Das Kind muss den Umgang mit dem Geld vom Vater **lernen**.

Wenn du die Tafel neben dem Bettler am Brunnenrand findest, kannst du sehen, wer den Brunnen bezahlt hat und wann er aufgestellt wurde.

Der Geldbrunnen ist der einzige Brunnen, der im Winter nicht abgeschaltet werden muss. Da läuft das Wasser auch dann, wenn es friert. Das ist deshalb möglich, weil man den Brunnen kostenlos mit warmem Wasser versorgen kann. Im Winter wird bei Frost einfach etwas heißes Thermalwasser aus der Kaiserquelle zum normalen Wasser gegeben. Dann dampft der Brunnen, und es stinkt ein bisschen nach faulen Eiern.

Der Vater zählt Geld für sein Kind ab.

Am Geldbrunnen wandert eine Münze von Hand zu Hand.

6

Der Vinzenzbrunnen oder die Mariensäule

(Friedrich Ark, 1848, Figuren Gottfried Götting, 1877)

Wenn du auf den Münsterplatz kommst, siehst du eine Brunnensäule. Echt witzig, aber das Brunnenwasser muss man erst suchen.

Die Brunnensäule steht neben dem Chor vom Dom. Das ist der lange Anbau mit den hohen Fenstern. Wenn du hinaufschaust, kannst du sehen, dass hoch oben kleine Türme als Dekoration stehen. Sie heißen Fialen. Der Brunnen sieht ihnen ähnlich. Der Aachener Stadtarchitekt Friedrich Ark hat sich am Aussehen des Aachener Domes orientiert, als er seinen Brunnen entworfen hat.

Herr Ark kam 1839 nach Aachen. Er war erst 32 Jahre alt, aber er wurde schon Stadtbaumeister. Damit war er für alle öffentlichen Bauten verantwortlich. Auf dem Münsterplatz stand damals ein ziemlich verfallener Laufbrunnen. An solchen Brunnen haben früher die Leute ihr Wasser geholt.

Inzwischen waren Wasserleitungen verlegt worden und der Brunnen hatte seine Funktion verloren. Also dachte sich Herr Ark, dass es doch schön wäre, einen neuen Zierbrunnen zu bauen. Dafür hatte die Stadt aber kein Geld. So musste er fast zehn Jahre

lang das Geld bei den Geschäftsleuten rund um den Dom zusammenbetteln.

Als der Brunnen endlich gebaut war, gefiel er den Öchern sehr gut. Besonders die Vogelhändler waren begeistert. Auf dem Münsterplatz wurden damals regelmäßig der Blumenmarkt

Der Vinzenzbrunnen

Der Heilige Foillan

Die Marienstatue

und der Vogelmarkt abgehalten. Da konnte man Singvögel in Käfigen kaufen. Diese Käfige hängten die Händler an den neuen Brunnen, damit sie besser zu sehen waren.

Das fand Friedrich Ark deshalb nicht lustig, weil der Brunnen beschädigt wurde. Also bekam der Brunnen ein Schutzgitter, und die Vogelhändler mussten in eine andere Ecke umziehen. Dort steht heute zur Erinnerung an die Geschichte der Möschebrunnen.

Auf die Brunnenfiguren hat Friedrich Ark übrigens lange warten müssen. Er war 38 Jahre lang ein sehr fleißiger Stadtbaumeister in Aachen. Erst kurz vor seiner Pensionierung wurden endlich auch die Brunnenfiguren für

den Münsterplatz geliefert. Manchmal dauert es in Aachen eben etwas länger.

Das Wasser fließt aus einem Wasserhahn. Darüber siehst du einen Mönch, der ein Baby trägt. Das ist der **Heilige Vinzenz**. Er ist der Schutzheilige für die Babys und kleinen Kinder. Außerdem wacht er über die Krankenhäuser. Ein Hospital war vor langer Zeit da, wo du heute das Gebäude der Sparkasse siehst.

Wenn du einen Schritt weiter nach rechts gehst, siehst du einen Priester mit Bischofsmütze (Mitra) und einem Tüchlein in der Hand. Ich finde, er guckt ein wenig traurig. Es ist der **Heilige Foillan**. Foillan war ein irischer Missionar. Er hat den Menschen in Belgien das Christentum gepredigt und sie getauft. Die Reliquien, also Knochenreste von ihm, verwahren wir heute in der Kirche, die du neben dem Dom siehst. Sie heißt auch St. Foillan. Im Öcher Platt sagt man: Zent Fleng. Foillan kann ein echter Öcher nicht gut aussprechen.

Erzengel Michael

ser Seite aus betrachtest, dann heißt er Mariensäule.

Die letzte Figur am Brunnen ist schon ein wenig kaputt und deshalb schwer zu erkennen. Es ist ein Engel, der einen Drachen tötet. Sein Name ist Michael, er gehört zu den Erzengeln. Michael ist der Anführer der himmlischen Heerscharen. Er kämpft gegen das Böse in der Welt. Das Böse wird gerne als Drache dargestellt.

Noch einmal nach rechts siehst du eine **Marienstatue**. Sie hält das Jesuskind auf dem Arm. Maria schaut auf den Aachener Dom. Der Dom ist ihr zu Ehren gebaut. Deshalb ist Maria auch die Schutzheilige der Stadt Aachen. Wenn du den Brunnen von die-

Der **Erzengel Michael** ist der Schutzheilige der Könige, denn die sollten das Böse von ihren Völkern fernhalten. Ich denke, das gilt für alle Menschen, die heute ein Land regieren müssen.

Info: Gotik und Neogotik

Der Baustil, den wir Gotik nennen, entwickelte sich schon vor mehr als 800 Jahren. Damals gelang es den Baumeistern, sehr hohe Bauwerke zu errichten, die trotzdem nicht wuchtig aussehen.

In der Zeit von Friedrich Ark war es Mode, wieder so zu bauen. Viele Kirchen entstanden damals, die aussahen, als wären sie sehr alt. Dabei waren sie neu. Entsprechend nannte man den Baustil jetzt die neue Gotik, also Neogotik.

1

Der Möschebrunnen

(Bonifatius Stirnberg, 1978)

Die Spatzen vom Möschebrunnen

Auf dem kleinen Münsterplatz, er wird auch Vogelmarkt genannt, in der Nähe vom Eingang zum Dom steht ein kleiner Brunnen, der **Möschebrunnen**. Die Vögel am Brunnen sind Spatzen. Spatz heißt „Mösch" im Öcher Platt, also in meiner Heimatsprache.

Es gibt ein Lied, das die Öcher gerne im Karneval singen, darin wird die Mösch zum schönsten Vogel der Stadt. Die Aachener geben sich gerne bescheiden. Sie erklären den simplen kleinen Spatz zum schönsten Vogel der Stadt, weil sie genau wissen, dass sie schon seit 750 Jahren den noblen und stolzen Adler in ihrem Stadtwappen tragen dürfen.

Doch, wo ist das Wasser? Wenn du ein wenig suchst, findest du einen silbernen Knopf. Wenn du ihn drückst, dann kommt Wasser aus der dicken Kugel. Das Wasser kannst du sogar trinken, denn der Brunnen ist ein Trinkbrunnen.

„ Wenn du den Knopf drückst, kommt Wasser aus der dicken Kugel. "

Der silberne Knopf bringt das Wasser zum Fließen.

Liedtext

Vür sönd va Oche, en Oche dat is schönn
Vür hant e Möönster än vür han e Zent Fleng
Vür hant en Sankel än och der Öcher Bösch
Der schönste Vouel, döm vür hant, dat es de Mösch.

Übersetzung

Wir sind aus Aachen, und Aachen das ist schön.
Wir haben ein Münster (den Dom), und wir haben Sankt
Foillan (die Kirche neben dem Dom).
Wir haben den Sankel (die Sandkaulstraße) und auch
den Aachener Wald.
Der schönste Vogel, den wir haben, das ist der Sperling
(anderes Wort für Spatz).

Lied
Scan mich

Das Stadtwappen

Das Aachener Stadtwappen ist ein schwarzer Adler auf gelbem Grund. Aachen darf dieses Wappen schon seit 750 Jahren benutzen. Es war damals eine besondere Ehre, wenn der Adler im Wappen abgebildet war. Der Adler ist das Symbol der Könige. Aachen durfte es verwenden, weil die Könige 600 Jahre lang hier gekrönt wurden.

Wenn du dich schon mal gefragt hast, warum unser Fußballclub Alemannia Aachen die Farben Schwarz und Gelb nutzt – hier ist also die Lösung: Es sind die Farben des Wappens und damit die Farben der Stadt Aachen.

Vorher   Heute

8

Das Fischpüddelchen

(Hugo Lederer, 1911, Kopie Clemens Dick, 1954)

Auf dem Fischmarkt steht ein kleiner Nackedei vor der Taufkapelle vom Aachener Dom. Der kleine Kerl schaut ziemlich grimmig drein. Schaue mal auf sein Gesicht! In seinen Ärmchen hält er jeweils einen Fisch. Wenn alles funktioniert, spucken die Fische Wasser in den Brunnen.

Zum Fischpüddelchen

Das **Fischpüddelchen** – das Wort kommt von pudelnackt – steht schon seit über 100 Jahren hier. Der Künstler Hugo Lederer hat es den Öchern geschenkt, weil er das große Reiterdenkmal vom Kaiserplatz machen durfte. Sicher hast du es schon mal gesehen. Es steht neben der Einfahrt zum Parkhaus vom Aquis Plaza.

Das Geschenk sorgte jedoch für einigen Ärger: Ein nackter Junge, ohne Hose, das galt damals als höchst unmoralisch. Außerdem steht der kleine Kerl vor einer Kapelle des Doms. Es gab also eine große Aufregung, als das Fischpüddelchen aufgestellt wurde.

Frauenvereine protestierten gegen den Verfall der guten Sitten. Studentenverbindungen machten Schabernack mit dem Figürchen. Man zog ihm Hemdchen und Höschen an. Er wurde sogar entführt und kam ins Museum. Es war ein riesiger „Bohei"!

Der Streit dauerte mehrere Jahre, bis man den kleinen Kerl endlich wieder am Fischmarkt aufstellte. Zu seiner Sicherheit wurden zwei Polizisten beauftragt, das Männlein rund um die Uhr zu bewachen. Ein besonders bekannter Polizist in Aachen hieß übrigens „Herr Noppeney". Seitdem nannte man alle Polizisten „den Noppeney". Mein Freund, der „Noppeney" aus dem Schängche-Theater, hat sich gerne mit dem Fischpüddelchen fotografieren lassen.

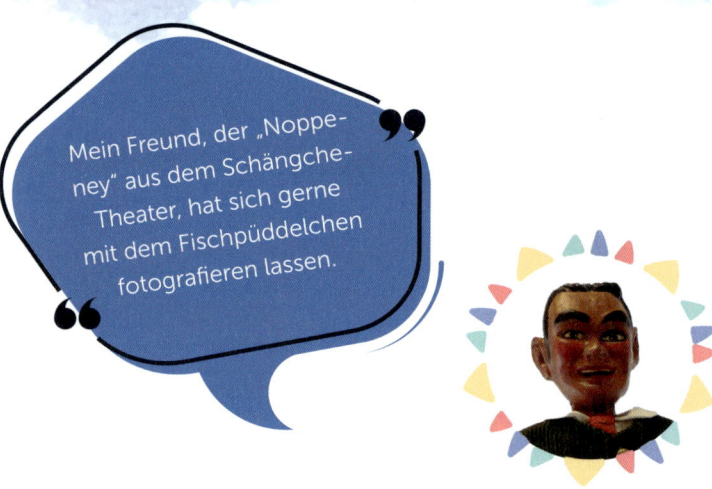

> „Mein Freund, der „Noppe-ney" aus dem Schängche-Theater, hat sich gerne mit dem Fischpüddelchen fotografieren lassen."

Das Fischpüddelchen von heute ist leider nicht mehr die Originalfigur. Die wurde vor fast 80 Jahren während des Zweiten Weltkriegs eingeschmolzen. Als der Krieg vorbei war, wollten die Aachener jedoch ihr Fischpüddelchen zurückhaben. Der Aachener Künstler Clemens Dick hat das Figürchen nach alten Abbildungen neu geschaffen.

Man sagt, sein kleiner Sohn hätte ihm dabei Modell gestanden.

9

Der Domhof

Eine Bronzeplatte zeigt den Grundriss des Doms.

Wenn du vom Fischmarkt aus zum Eingang des Aachener Domes gehst, querst du einen kleinen Platz. Schaue dir genau die Wände von den Häusern an. Sie sind zum Teil schon sehr alt. Schon zurzeit von Kaiser Karl war auch ein Hof vor der Kirche. Neben dem Domeingang, links in der Ecke, kannst du sehen, wie es hier früher einmal ausgesehen hat. Dort hat man die alten Mauern noch einmal so aufgebaut, wie sie ursprünglich einmal ausgesehen haben. Das nennt man rekonstruiert.

Wenn du genau sehen möchtest, wie der Dom aufgebaut ist, dann schaue mal auf die Platte, die in der Nähe von dem kleinen Buchladen auf der Erde liegt. Da kannst du sehen, wie der Grundriss, so nennt man die Form der Kirche, aufgebaut aussieht.

Am Domhof stehen meist viele Leute, die in den Dom hineingehen wollen.

Dazu benutzen sie nicht die große bronzene Tür, sie gehen an der Seite durch eine Holztür. Die große Tür wird nur nach den Sonntagsmessen und bei Hochzeiten oder anderen Festen geöffnet.

Die Domtür

Die Domtür ist etwas ganz Besonderes. Sie ist die älteste Tür in ganz Aachen, die heute noch benutzt wird. Sie besteht aus einem Metall, das Bronze heißt. Wir wissen, dass sie auf dem Katschhof gegossen worden ist. Das war vor 1.200 Jahren eine handwerkliche Meisterleistung. Vielleicht kamen die Experten für diese Türe aus Italien.

Schaue dir mal die Verzierungen an. Die Felder sind mit sogenannten Eierbändern eingefasst. Die Löwenköpfe werden mit Blättern einer Akanthuspflanze

Die Dombausage

Schängche fühlt, ob der Daumen des Teufels noch im Löwenkopf der Domtüre steckt.

Kaiser Karls Marienkirche, unser heutiger Dom, sollte die größte und schönste Kirche des Reiches werden. Aber der Bau war sehr teuer, und eines Tages konnten die Aachener Bürger das Baumaterial und die Handwerker nicht mehr bezahlen. Sie hatten aber Kaiser Karl, der sich auf Reisen befand, versprochen, den Dom bis zu seiner Rückkehr fertigzustellen. Doch das Geld reichte vorne und hinten nicht.

Zu dieser Zeit hielt sich der Teufel in der Gestalt eines großzügigen, eleganten Gastes in der Stadt auf. Gerne gab er den Aachenern das fehlende Geld für den Dombau. Er stellte jedoch eine Bedingung. Die Öcher mussten ihm die erste Seele überlassen, die die fertige Kirche betreten würde. Dabei spekulierte er natürlich darauf, dass es der Papst oder Kaiser Karl sein würden. Je näher der Tag der Einweihung rückte, umso größer wurde die Sorge der Aachener.

– das ist eine Distelart aus Südeuropa - umrahmt. Dieser Zierrat ist typisch für Italien. Jeder Türflügel wiegt mehr als 2.000 Kilo, also zwei Tonnen.

Die Sensation der Türe ist jedoch der Daumen des Teufels. Er steckt in einem der Löwenköpfe. Du willst wissen, wie er hineingekommen ist? Hier ist seine Geschichte:

Da hatte ein schlauer Aachener Duemjroef – Lausebengel – eine Idee. Man hatte dem Teufel doch nur eine Seele versprochen, aber nicht vereinbart, wessen Seele es sein sollte. Er brachte

am Tag der Eröffnung einen Karren mit einem Wolf herbei. Den hatte er tags zuvor im Öcher Bösch, also Aachener Wald, gefangen. Den Wolf trieben die schlauen Öcher in den Dom.

Dort saß der Teufel und rieb sich erwartungsfroh die Hände. Als er bemerkte, dass sich ein Schatten im Dunkel der Kirche bewegte, warf er sich gierig auf den Wolf und entriss ihm die Seele. So bekam er in seiner Gier nur eine Tierseele. Aber der Handel galt.

Als der Teufel bemerkte, dass er betrogen worden war, rannte er fluchend zum Eingangsportal hinaus. In seiner Wut schlug er einen der bronzenen Türflügel so fest zu, dass sich sein Daumen im Löwenkopf an der Tür verfing und abriss, als der Teufel in die Hölle fuhr. Der Daumen steckt bis heute fest. Wem es gelingt, den Daumen herauszuziehen, der bekommt einen Sack voller Gold, vom Teufel persönlich überreicht.

Wenn du genau hinsiehst, kannst du einen Riss in der linken Türe sehen. Man sagt, dort hätte der Teufel mit seinem Pferdefuß noch einmal kräftig hineingetreten. Die Domtür nennen die Aachener zur Erinnerung an diese Geschichte die Wolfstür.

Info: Weltkulturerbe

Der Aachener Dom ist ein Weltkulturerbe. Das ist eine besondere Auszeichnung. Sie wird von der UNESCO, einer Organisation der Vereinten Nationen für Bildung, Wissenschaft und Kultur, verliehen. Ein Weltkulturerbe steht unter besonderem Schutz. Es bekommen nur solche Bauwerke diesen Titel, wenn sie als einzigartig auf der Welt angesehen werden. Der Aachener Dom war schon 1978 eins der ersten Gebäude auf dieser Liste.

10

Das Dommodell

Der Dom von außen (Walter Hutz 1997)

„Zitronenpresse". Sie ist erst viele hundert Jahre später, nach einem großen Stadtbrand, gebaut worden.

Eingang, Sechzehneck und Achteck bilden das Herz der Kirche. Sie sind 1.200 Jahre alt und wurden nie zerstört. Das ist außergewöhnlich.

600 Jahre nach Kaiser Karls Tod, genau an seinem Todestag, dem 28. Januar 1414, hat man den langen Anbau mit den hohen Fenstern eingeweiht. Der Anbau heißt nach seinem Baustil der gotische Chor. Der Name Chor für das Bauwerk kommt aus einer Zeit, als während der Messen die Sänger in diesem Raum platziert wurden.

In einer Ecke neben dem Eingang steht ein Modell des Aachener Doms. Eigentlich wurde es für blinde Menschen entworfen. Sie können so den Dom mit ihren Händen ertasten. Das Modell ist aber auch für Sehende sehr praktisch. Man kann hier genau erkennen, wie der Dom aufgebaut ist.

Unser Aachener Dom ist nicht nach einem Plan gebaut worden. Seine Basis ist die Marienkirche, die Karl der Große als Pfalzkirche – sie wird auch Pfalzkapelle genannt – hat bauen lassen. Am Modell erkennst du genau den Eingang und das berühmte achteckige Gebäude in der Mitte. Es wird von einem sechzeckigen Bauwerk getragen.

Das Achteck nennt man Oktogon, das kommt vom altgriechischen Wort „okto" und bedeutet „acht". Das Achteck hat ein Kuppeldach, das heute von einer riesigen Haube überdeckt wird. Die Haube nennen wir Aachener die

Der gotische Chor des Domes. Dort standen früher die Sänger während der Messe.

Das Ende des Chors ist halbrund geformt. So ein Gebäude nennt man Apsis. In Aachen heißt der Chor das Glashaus. Er hat fast 30 Meter lange Fenster. So ein Bauwerk war vor 600 Jahren ein echtes Wagnis, weil das Gebäude an den Seiten nicht mit Pfeilern gestützt wird.

Rund um den Dom kannst du verschiedene kleine Gebäude erkennen. Das sind Kapellen. Sie haben unterschiedliche Funktionen. Manche sind nur zum Beten, andere werden als Sakristei, also Umkleideraum für Pastöre und Messdiener, genutzt. Sie haben auch unterschiedliche Baustile, weil sie in verschiedenen Jahrhunderten gebaut wurden.

Ein gutes Beispiel ist die Kapelle, neben der du gerade stehst. Sie heißt die Ungarnkapelle. Man hat sie für ungarische Pilger vor etwa 300 Jahren neu gebaut. Du siehst also, unser Dom ist nicht nur besonders schön, er ist auch anders als andere Kirchen gebaut.

Eine Faustregel gilt jedoch: Überall dort, wo viele verschiedene Steine im Mauerwerk zu sehen sind, da hast du Originalwände aus Kaiser Karls Zeiten vor dir. Zu seiner Zeit hat man alles, was man an Baumaterial finden konnte, herbeigeschafft, um die höchste Kuppelkirche des Reiches bauen zu können.

Die Kuppel über dem Oktogon ist 32 Meter hoch. Damit war Karls Pfalzkirche das höchste Bauwerk Westeuropas. Darüber hat man sicher im ganzen Reich gesprochen. Die vielen Steine konnte man nicht mehr sehen. Der Dom war damals mit rotem Putz bedeckt.

Schaue den Eingang ganz genau an. Siehst du, dass nur im unteren Teil „unordentliches" also karolingisches Mauerwerk ist? Darüber hat man ganz ordentlich mit nur einer Steinsorte gebaut. Das ist der Turm des Domes. Er ist der jüngste Teil der Kirche und erst etwa 130 Jahre alt.

Am Turm und zwischen dem Turm und dem Oktogon gibt es zahlreiche Balkone und Galerien. Von dort aus hat man früher während der Heiligtumsfahrten die Stoffreliquien gezeigt. Das macht man heute nicht mehr. (Zu den Heiligtumsfahrten gibt es eine Information auf Seite 67).

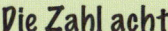

Die Zahl acht

Warum besteht die Kirche aus einem Oktogon? Die Acht ist nicht nur eine Zahl, sie hat eine symbolische Bedeutung. Schaue mal, wie du eine Acht schreibst. Sie ist aus zwei Kreisen zusammengesetzt, die man ohne ein Ende schreibt.

Die Acht steht für Unendlichkeit und damit für die Ewigkeit. Die christliche Kirche hat der Acht die Bedeutung für das ewige Leben und so für das Reich Gottes gegeben. Dort sollen die gläubigen Christen nach ihrem Tod die Ewigkeit verbringen.

Damit verbunden ist die Vorstellung vom „himmlischen Jerusalem" als der ewigen Stadt Gottes. Wenn also Kaiser Karl eine achteckige Kirche bauen lässt, möchte er den Menschen auf der Erde eine Hoffnung für das Leben nach dem Tod geben. Der Tod soll seinen Schrecken verlieren.

Der Gargoyle

Hoch oben am Chor hängen scheußliche Monster. Es sind Wasserspeier. Eigentlich sollen sie den Regen vom Dach wegspülen. Das funktioniert leider nicht so gut. Deshalb hat unser Dom auch richtige Regenrinnen und Fallrohre. Die Wasserspeier haben aber noch eine andere Funktion: Sie sollen das Böse vom Dom fernhalten. Deshalb sind sie als scheußliche Fabelwesen dargestellt. Diese nennt man „Gargoyles". Hinter dem Chor, auf der Seite zum Katschhof, sitzen zwei Gargoyles auf dem Boden. Sie waren nicht mehr fest, deshalb hat man sie oben am Chor durch Kopien ersetzt.

11

Der Dom von innen

Der Eingang

Wenn du nun in den Eingang des Domes gehst, triffst du dort den „Wolf" mit einem Loch im Bauch und den Pinienzapfen, der seine Seele darstellen soll. Der Zapfen war vielleicht mal auf einem Brunnen montiert, das kannst du an den vielen Löchern erkennen. Wie alt die beiden sind, kann niemand genau sagen. Man glaubt, dass der Pinienzapfen etwa 1.000 Jahre alt ist und die Tierfigur aus der Römerzeit stammen könnte. Auch ist eigentlich nicht recht zu erkennen, ob das Tier wirklich ein Wolf ist.

Es ist ein weibliches Tier. Das erkennst du an den Zitzen. Manche sagen, die Figur erinnert an einen Bären. Wenn man ein Tier nicht genau zuordnen kann, nennt man es eine Chimäre. Schaue mal genau auf seine Pfoten. Das linke Vorderbein ist später anmontiert worden. Die Pfote ist ganz golden poliert, weil fast jeder Besucher einmal darüberstreicht. Das soll Glück bringen. Na ja, wenn die Leute es glauben.

Zapfen und Wölfin haben jedoch schon lange ihren Standort am Dom. Im Eingang stehen sie sicher seit 100 Jahren. Es wird erzählt, dass schon die Könige vor der Krönung die beiden begrüßt haben:

Der neue König wurde vom Erzbischof von Köln am Eingang empfangen. Der führte ihn dann zur „Wölfin" und ermahnte den neuen Herrscher, sein Volk so zu verteidigen und zu umsorgen, wie es eine Wölfin mit ihren Jungen tut. Dann gingen sie weiter zum Pinienzapfen. Der Bischof wünschte dem König ein Reich, in dem so viele verschiedene Sprachen gesprochen werden, wie der Zapfen Schuppen hat.

Wenn du jetzt durch die Glastüre gehst, kommst du in die Kirche hinein. Dort, wo die neue Türe ist, war ursprünglich die bronzene Eingangstür eingebaut. Man hat sie später an ihrem heutigen Standort montiert. So konnte man den Eingang schließen und besser vor Zugluft schützen.

Am Eingang des Doms triffst du den Wolf und den Pinienzapfen, der seine Seele darstellt.

Das Oktogon

Wenn ich in unser schönes Mönster gehe, bin ich jedes Mal überwältigt. Es gibt für mich keine schönere Kirche. Hinter der modernen Glastüre erwartet dich das Oktogon mit seinen einmalig schönen Mosaiken. Diese Mosaiken wurden erst vor 140 Jahren angebracht.

Gehe bis zu den Kirchenbänken. Von hier aus kannst du in die Kuppel sehen. Dort erkennst du Christus. Er ist als Herrscher über Himmel und Erde dargestellt. Ihm bringen die weltlichen Herrscher ihre Kronen. Sie erkennen also seine göttliche Macht an.

Im Oktogon hängt ein ganz besonderer Leuchter. Es ist der **Barbarossaleuchter**. Kaiser Friedrich I., sein Spitzname war Barbarossa, also Rotbart, hat ihn der Kirche vor mehr als 800 Jahren geschenkt. Er hat keine Glühbirnen, sondern wird mit 48 Kerzen erleuchtet. Der Leuchter ist wie eine Stadtmauer aufgebaut. Du erkennst eckige und runde Türme. Es soll das himmlische Jerusalem darstellen.

Das himmlische Jerusalem finden wir in einem Text in der Bibel. Dort erzählt ein Mann mit dem Namen Johannes, wie die Stadt Gottes aussieht. Sie hat goldene Türen und leuchtet in den Farben von Edelsteinen. In dieser Stadt sollen die Menschen nach ihrem Tod das ewige Leben verbringen. Was für eine Vorstellung!

Die Kette des Leuchters ist 27 Meter lang. Wenn du unter dem Leuchter stehst, sehen die Kettenglieder alle gleich dick aus. Das stimmt aber nicht, es ist eine optische Täuschung. Die Kette wird in Wahrheit nach oben hin immer dicker.

Das Oktogon, in dem der Barbarossaleuchter hängt.

Der Hauptaltar und die Pala D'Oro
(ca. 1000 n. Chr.)

Die Pala d'Oro am Hauptaltar

Im Dom erkennst du außerdem den **Hauptaltar**. Er ist mit einer goldenen Platte geschmückt, die schon 1.000 Jahre alt ist. Die Platte ist in Bilder eingeteilt. Sie erzählen die Geschichte vom Leiden und Sterben Jesu Christi. Diese Geschichte wird die Passion genannt. Man liest sie jedes Jahr vor Ostern in den Kirchen vor.

Das Gnadenbild
(14. Jahrhundert)

Neben dem Altar erkennst du eine **Marienfigur**, man sagt dazu auch Madonna oder Gnadenbild. Sie trägt das Jesuskind auf dem Arm. Die Madonna hat einen sehr vollen Kleiderschrank. Während des Jahres wird sie immer wieder umgezogen. Sie trägt Schmuckstücke, die ihr fromme Menschen im Laufe der Jahrhunderte geschenkt haben.

Weil diese Madonna so viele Kleider und Schmuck hat, nennt man sie „die reichste Frau von Aachen". Sie besitzt sogar die Hochzeitskrone einer Herzogin, die schon vor mehr als 500 Jahren gelebt hat. Sie hieß Margareta von York. Diese Krone trägt die Marienfigur während der Heiligtumsfahrten. Sonst ist sie in der Domschatzkammer zu besichtigen.

Das Gnadenbild – eine Marienfigur mit prächtigen Kleidern

Heinrichsambo

(um 1010 n. Chr.)

Am Übergang zwischen den Sechzehneck und dem Chor hängt eine halbrunde Kanzel an der Wand. Es ist der **Heinrichsambo**. Von hier aus wird aus den Evangelien gelesen und die Frohe Botschaft verkündet. Den Ambo hat König Heinrich II. vor 1.000 Jahren dem Aachener Dom geschenkt.

Schaue ihn dir genau an. Er hat sehr ungewöhnlichen Zierrat. Dazu gehören eine Tasse und Untertasse, eine ovale Schale und Schnitzereien aus Elfenbein. Diese Gegenstände waren damals so enorm wertvoll, dass man sie als Schmuckstücke für die Kanzel verwendet hat.

Man sagt, König Heinrich hätte dem Dom das teure Geschenk gemacht, weil er ein schlechtes Gewissen gehabt hat. Er hat sich mit List und Tücke den Thron gesichert. Sein Vorgänger, Kaiser Otto III., war mit nur 23 Jahren plötzlich in Italien gestorben. Da er in Aachen beerdigt werden sollte, musste man mit dem toten Kaiser einen langen Weg zurücklegen.

In Bayern hat Heinrich Ottos Leichnam entführen lassen, um die Krönungsinsignien zu erpressen. Nachdem Otto endlich neben Kaiser Karl in Aachen beerdigt worden war, schenkte Heinrich dem Dom den Heinrichsambo. An das Grab von Otto erinnert eine Platte, die vor dem Karlsschrein auf dem Boden liegt.

Der Karlsschrein

(1215 n. Chr.)

Der **Karlsschrein** ist der hintere der beiden goldenen Kästen, die gut klimatisiert unter Glas im Chorgebäude stehen. Der Schrein ist wie ein Haus geformt. Darin liegen heute die Gebeine von Kaiser Karl dem Großen. Die etwa 90 Knochen sind auf Seidentüchern aufgenäht und in besonders edle Stoffe eingewickelt.

Die Figuren am Schrein stellen neben Kaiser Karl auch Kaiser und Könige dar, die nach ihm geherrscht haben. Kaiser Karl wurde 350 Jahre nach seinem Tod, 1165, auf Wunsch von Kaiser Friedrich I., Barbarossa, „heilig" gesprochen. Damit bekam sein Körper Reliquiencharakter, und er wurde in einen Reliquienschrein umgebettet.

Zuerst war das nur eine simple Holztruhe. Die goldene Hülle des Karlsschreins war erst 60 Jahre später fertig. Der Enkel von Barbarossa, er hieß Friedrich II., hat 1215 bei seiner Krönung den letzten Nagel in den Karlsschrein eingeschlagen. Jetzt war er endlich fertig.

Kaiser Karls Grab

Zuerst wurde Karl in einem steinernen Sarkophag aus der Römerzeit beigesetzt. Den hatte er aus Italien mitgebracht. Der Sarkophag heißt Proserpinasarkophag (eine Erklärung findest du im Infokasten). Du kannst ihn in der Domschatzkammer besichtigen. Er wurde nicht in die Erde gelassen, sondern in einer Nische im Dom für alle sichtbar aufgestellt. Heute vermutet man das Grab dort, wo der Eingang zur Sakristei ist.

Hier ist die Beschreibung der Stelle, wie Karls Sekretär Einhard sie noch gekannt hat:

„Hier (im Dom, Anm. der Autorin) wurde er noch an seinem Todestag beigesetzt und ein vergoldeter Bogen mit seinem Bild und einer Inschrift über dem Grab errichtet. Darauf steht Folgendes: In diesem Grabe ruht Karl, der große und rechtgläubige Kaiser, der das Reich der Franken ruhmvoll vergrößert und siebenundvierzig Jahre erfolgreich regiert hat. Er starb als Siebziger ... am 28. Januar im Jahre des Herrn 814."

In zwei Punkten ist der gute Einhard ungenau: Karl hat nur 46 Jahre lang regiert und wurde nach heutiger Rechnung nur knapp 66 Jahre alt.

Der Marienschrein
(1239 n. Chr.)

Ein Schloss des Marienschreins

Vor dem Karlsschrein steht ein zweiter goldener Schrein. Auch er ist wie ein Haus geformt. Er heißt **Marienschrein**. Darin verwahrt die Kirche die wichtigsten Reliquien, die wir in Aachen haben (eine Erklärung findest du im Abschnitt „Die Reliquien", ab S. 64).

Der Marienschrein hat auch einen Figurenschmuck. Es sind biblische Heilige und die Apostel. An der Seite siehst du eine große Marienfigur. Sie wird nur zur Eröffnung der Heiligtumsfahrten abgenommen. Hinter ihr befindet sich ein sehr kunstvoll gearbeitetes Schloss. Es ist mit Blei ausgegossen und kann nicht mehr aufgeschlossen werden. So kann niemand heimlich die Reliquien aus dem Schrein herausnehmen.

Ein Goldschmied muss das Schloss am Bügel aufschlagen. Das ist immer ein spannender Augenblick während der Eröffnungsmesse. Die Gemeinde zählt dann die Schläge des Schmiedehammers mit.

Die Heiligtumsfahrten finden in Aachen seit mehr als 650 Jahren alle sieben Jahre statt. Wenn das Schloss geöffnet ist, werden die Stoffreliquien aus dem Schrein herausgenommen. Sie werden in sehr wertvollen Taschen, die mit zahlreichen Perlen bestickt sind, verwahrt. Danach können die Menschen sie zehn Tage lang während der Gottesdienste auf dem Katschhof oder während der Zeigestunden im Dom anschauen und verehren.

Der Thron Karls des Großen

Bist du im Dom schon einmal auf der ersten Etage gewesen? Das geht nor-malerweise nur mit einer Domführung. Im Mittelpunkt der dortigen Empore, so nennt man die offene Galerie, steht der rätselhafte **Thron** von Kaiser Karl dem Großen. Er ist aus schlichten, früher weißen Marmorplatten zusammengesetzt und sieht nicht wirklich so prunkvoll aus, wie ich mir einen Thron vorstelle. Ob der Kaiser Karl wirklich darauf gesessen hat, um die Messen zu verfolgen? Wahrscheinlich nicht. Der Thron war viel zu wertvoll: Er ist nämlich aus einem ganz besonderen Stein gebaut.

Den Marmor soll Karl aus Jerusalem geschenkt bekommen haben. Dort wurde er wahrscheinlich als Bodenbelag genutzt. In die Platten sind viele Graffitis eingeritzt. Ein Mühlespiel ist sogar ganz deutlich zu erkennen. Man glaubt, dass dort Männer gesessen und zum Zeitvertreib gespielt haben.

Es heißt, der Boden hätte in der Grabeskirche von Jesus in Jerusalem gelegen. Damit steht das Material in einem engen Zusammenhang mit dem Tod von Jesus Christus. Sollte Jesus sogar über diesen Boden gegangen sein, bekommt der Marmor Reliquiencharakter. Man nennt das eine Berührungsreliquie.

Schängche besucht den Thron Karls des Großen.

Für uns ist das heute schwer nachvollziehbar. In der Zeit von Kaiser Karl war es jedoch ein Beweis für das Leben von Jesus auf unserer Welt. Während der Königskrönungen wurde der Thron selbstverständlich in die Zeremonie mit einbezogen. Der gekrönte König setzte sich für die Zeit eines Vaterunsers darauf. Damit nahm er das Reich in Besitz. Unter dem Thron konnte man früher hindurchkriechen. Tausende Pilger haben dort die Steine blank geschliffen.

Man steigt über sechs Stufen zum Karlsthron hinauf. Vier Stufen wurden aus einer antiken Säule geschnitten. Bis heute weiß man nicht genau, wie alt der Thron ist und ob er wirklich schon immer hier gestanden hat. Leider sind alle Forschungsergebnisse, die wir bisher haben, nicht ganz sicher. So wird der Thron vielleicht für immer sein Geheimnis hüten. Aber ich denke, das ist nicht schlimm. So bleibt es spannend.

Die Kirchenmaus

Du kennst sicher den Spruch: „Arm wie eine Kirchenmaus". Der Hintergrund dafür ist, dass es in Kirchen keine Speisekammern gibt, und es die Mäuse dort sehr schwer haben, etwas zu essen zu finden. Ein Mosaikkünstler im Dom hat eine Kirchenmaus im Mosaik verewigt. Du findest sie in der Nähe vom Thron. Dahinter ist der Altar des Hl. Nicasius. Er schützt vor Mäuseplagen.

Die Reliquien

In Aachen gehen die Menschen auf Tuchfühlung mit Gott. Die berühmtesten Reliquien des Aachener Domes sind Stoffreliquien, die in unmittelbarem Zusammenhang mit Jesus Christus stehen. Sie heißen: die Windeln und das Lendentuch Christi. Schon in der Bibel steht, dass Maria ihren Sohn in Windeln legte. Die Windel erinnert daran, dass Jesus als Gottes Sohn geboren wurde und ein Mensch geworden ist. Das Lendentuch hat Jesus am Kreuz getragen. Es war um seine Hüfte ge-

schlungen. Das Tuch steht also für das Lebensende und den Tod am Kreuz. So symbolisieren die beiden Reliquien das Leben und Sterben des Herrn.

Das Kleid der Gottesmutter Maria aus der Heiligen Nacht steht symbolisch für die Schutzpatronin des Aachener Doms und die Geburt von Jesus Christus. Das Enthauptungstuch von Johannes dem Täufer finde ich immer etwas schauerlich. Johannes wurde nämlich geköpft. Anschließend hat man seinen Kopf in dieses Tuch gewickelt, das wir heute in Aachen verwahren.

Johannes hat Jesus getauft. Da er sein Cousin und etwas früher geboren war, repräsentiert er die Einheit der beiden Teile in der Bibel, also der Heiligen Schrift der Christen. Sie heißen das Alte und Neue Testament.

Die Reliquien sollen Geschenke des Patriarchen von Jerusalem für Kaiser Karl den Großen gewesen sein. Die Frage, ob sie wirklich echt sind, wird in Aachen heute nicht mehr gestellt. Das ist auch nicht wichtig. Das, was sie uns erzählen, ist entscheidend.

Dennoch sind die Tuchreliquien den Aachenern heilig, denn sie werden

Der Proserpinasarkophag

Der steinerne Sarg von Kaiser Karl ist sehr kunstvoll gearbeitet. Man hat in den Stein die Geschichte von der Entführung der Proserpina hineingeschlagen. Es ist eine alte Sage aus dem klassischen Altertum, als die Menschen für alle Lebenslagen eigene Gottheiten anbeteten.

Also, die Geschichte geht so: Der Gott der Unterwelt, sein Name ist Pluto, wollte die schöne Proserpina heiraten. Proserpina war die Tochter von Ceres, der Göttin der Fruchtbarkeit. Da die beiden Frauen von einer Hochzeit nichts wissen wollten, hat Pluto die schöne Proserpina eines Tages zu sich in die Unterwelt entführt. Diese Entführung ist auf dem steinernen Sarkophag dargestellt. Du kannst gut erkennen, wie Pluto die junge Frau in seinen Armen hält. Mutter Ceres versucht noch, den Raub ihrer Tochter zu verhindern. Du siehst, wie sie hinter den beiden herläuft.

Danach hat sie sich beim Göttervater Jupiter beschwert. Der fand einen Kompromiss: Proserpina musste von nun an immer ein halbes Jahr bei ihrem Mann in der Unterwelt verbringen. Danach durfte sie ein halbes Jahr zur Erde zurückkehren.

Wenn sie kommt, dann freuen sich Menschen, Tiere und Pflanzen. Die Natur beginnt zu blühen. Richtig, es wird Frühling, danach Sommer. Wenn Proserpina wieder in die Unterwelt zurückkehrt, ist die Natur traurig. Alles wird welk und die Bäume verlieren ihre Blätter. Es wird Herbst und Winter. Die Geschichte erzählt den Kreislauf der Jahreszeiten.

immerhin schon 1.200 Jahre in Aachen verwahrt und verehrt. Öffentlich werden sie seit 1349 alle sieben Jahre gezeigt. Dann feiern wir in Aachen eine Heiligtumsfahrt. Die Heiligtumsfahrten sind nur wenige Male ausgefallen, zuletzt während des Zweiten Weltkriegs und im Corona-Jahr 2021.

Was sind Reliquien?

Reliquien werden in der katholischen Kirche verehrt. Sie sind meist in sehr wertvoll geschmückten Kästen untergebracht. Manche dieser Kästen sind als Büsten geformt oder als Hände. Dann sind Knochen vom Kopf des Heiligen oder Knochen seiner Arme und Hände darin enthalten.

In der Domschatzkammer ist die Büste von Karl dem Großen ein gutes Beispiel dafür. Darin verwahrt man ein Stück vom Schädelknochen Kaiser Karls. Es können Knochen und Gegenstände von Heiligen oder auch von Jesus Christus sein.

Sie dienten über Jahrhunderte als Beweise für die Echtheit der biblischen Geschichten und für den Glauben der Menschen an Gott. Reliquien haben sich aus dem Sammeln von Erinnerungsstücken entwickelt.

Wenn man es so betrachtet, hat jeder von uns so eine Erinnerung im Schrank. Hand aufs Herz, verwahrt deine Mama vielleicht den ersten Zahn, den du verloren hast? Oder deine ersten Schuhe? Was ist mit einem alten Kuscheltier, von dem du dich nicht trennen magst?

Die Gegenstände müssen nicht wertvoll oder teuer sein. Es sind aber Dinge, die wir besonders als Wert schätzen. Also, warum sollten wir über die Reliquien im Aachener Dom lachen?

Die Karlsbüste – darin ist ein Stück Schädelknochen des Kaisers verwahrt.

Was ist eine Heiligtumsfahrt?

Die Aachener Heiligtumsfahrt ist eine Wallfahrt. Das heißt, die Menschen reisen an einen Ort, um Reliquien zu verehren und zu beten. „Wallen" bedeutet, sich an einen bestimmten Ort begeben. Wallfahrten finden immer nur zu bestimmten Zeiten statt. Die Menschen, die daran teilnehmen, nennt man Wallfahrer.

Pilger sind Menschen, die sich „vom Acker machen". Ursprünglich verließen die Menschen ihre Heimat, also ihren Acker, um heilige Orte zu besuchen. Sie rechneten nicht damit, noch einmal nach Hause zurück-zukehren. Pilgerstätten sind heilige Orte, die immer geöffnet sind. Dazu gehören Jerusalem und Rom, aber auch Santiago de Compostela in Spanien. Aachen ist ebenfalls ein Ort, der seit Kaiser Karls Zeiten Pilger angezogen hat. Auch wenn man die Heiligtümer nur zu bestimmten Zeiten sehen kann.

Das Zeichen der Pilger ist die Jakobsmuschel. Der Heilige Jakobus soll bei Santiago de Compostela im Meer gebadet haben. Als er wieder aus dem Wasser stieg, war er über und über mit den Muscheln behangen. Du findest die Jakobsmuschel an der Wand der Taufkapelle hinter dem Fischpüddelchen.

Die Jakobsmuschel

Die Pilgerflasche

12

Der Türelüre-Ließje-Brunnen

(Hubert Löneke, 1967)

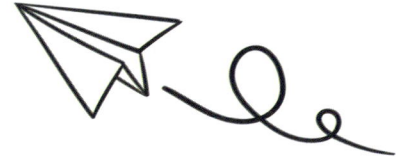

Der Türelüre-Ließje-Brunnen auf dem kleinen Platz zwischen Rennbahn und Klappergasse erinnert mich immer daran, wie wir Kinder draußen auf der Straße gespielt haben. Das lag natürlich daran, dass es in den Wohnungen in der Altstadt sehr eng war. Schaue dir die alten Häuser an, dann siehst du es.

Aachen war in Bezirke eingeteilt. Man nannte sie Grafschaften. Der Bereich rund um den Dom gehörte zur Domgrafschaft. Deshalb nannten sich die Kinder die Domgrafen. Das klingt natürlich sehr vornehm. Weil wir Öcher Kenger nur Öcher Platt sprachen, hießen wir „de Duemjroefe"!

Natürlich hatten wir viel Blödsinn im Kopf, während wir in Horden durch Aachens Straßen zogen. Wir haben nicht nur die Erwachsenen geärgert, sondern manchmal auch die kleinen Mädchen, wenn sie quengelten und uns Jungs nicht in Ruhe ließen. An eine solche Begebenheit erinnert uns der Türelüre-Ließje-Brunnen.

Drei lachende „Duemjroefe" umtanzen das kleine Lieschen, das in ihrer Mitte hockt. Sie hat sich das Höschen nass gemacht, weil die Jungs sie nicht zur Toilette haben laufen lassen. Das war – zugegeben – gemein, und so nimmt das Unglück sprichwörtlich seinen Lauf.

Der Brunnen erzählt den Inhalt eines alten Aachener Liedchens, das heute meist im Karneval gesungen wird.

Das Spottlied ist vielleicht sogar einer echten kleinen Elisabeth gewidmet.

Zum
Türelüre-Ließje-Brunnen

Liedtext

Türelürelissje uus Klapperjaaß,
wovan hat dat Kengche si Hempche esue naaß?
Haue die Schelme va Jonge jedooe!
Haue dat Kengche net pesse losse jooeh!
Türelürelissje uus Klapperjaaß,
wovan hat dat Kengche si Hempche esue naaß?

Übersetzung

Tüürelüüre-Ließchen aus der Klappergass', wovon hat
das Mädchen sein Hemdchen denn so nass? Das haben
die Schelmen von Jungen getan, haben das Kindchen
nicht Pipi machen lassen!

Lied
Scan mich

"Natürlich hatten wir viel Blödsinn im Kopf, während wir in Horden durch Aachens Straßen zogen.

13

Das Relief von Monulf und Gondulf

in der Klappergasse (Dries von Engelen, 1958)

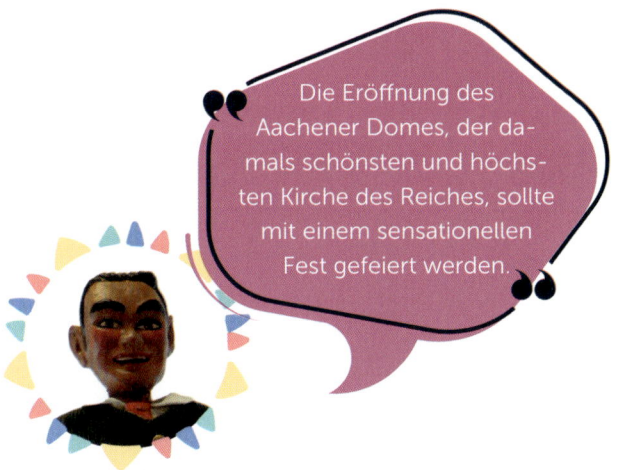

Die Eröffnung des Aachener Domes, der damals schönsten und höchsten Kirche des Reiches, sollte mit einem sensationellen Fest gefeiert werden.

Wenn du vom Türelüre-Ließje-Brunnen die Klappergasse hinaufgehst, kannst du an einer Hauswand auf der linken Seite ein Relief entdecken. Darauf sind zwei Skelette in Bischofsgewändern dargestellt. Das etwas gruselige Bild erzählt die Geschichte, wie die Klappergasse zu ihrem Namen kam. Die Stadt Maastricht hat der Stadt Aachen das Relief geschenkt.

Die Geschichte dazu geht so:

Die Eröffnung des Aachener Domes, der damals schönsten und höchsten Kirche des Reiches, sollte mit einem sensationellen Fest gefeiert werden.

Der gesamte Adel und Abgesandte der benachbarten Länder reisten von weit her an, um Kaiser Karl und dem neuen Bauwerk ihre Ehre zu erweisen. Aus Rom kam sogar Papst Leo III. Er sollte die neue Kirche einweihen, deren Ausstattung und Pracht nicht zu überbieten war.

Außerdem waren auch 365 Bischöfe zur Eröffnungsfeier eingeladen. So viele Bischöfe, wie das Jahr Tage hat. Das sollte dem neuen Bauwerk Gottes Segen für die Zukunft sichern. Auch sie strömten aus allen Teilen des Reiches herbei.

Schließlich sandte Kaiser Karl seinen Sekretär Einhard in die vielen Quartiere, um zu prüfen, ob inzwischen auch alle Geladenen eingetroffen seien.

Wie groß wird sein Schreck gewesen sein, als er herausfand, dass zwei Gäste fehlten. Es waren außer dem Papst nur 363 Bischöfe in Aachen angekommen.

Es fehlten die Bischöfe Monulf und Gondulf. Kaiser Karl hatte sie eingeladen, ohne zu wissen, dass beide bereits gestorben waren. Verzweifelt sandte Kaiser Karl Stoßgebete zum Himmel. Und er wurde erhört.

Ein Engel Gottes machte sich auf in die niederländische Stadt Maastricht, die damals eine Tagesreise entfernt von Aachen war. Dort lagen die fehlenden Bischöfe in der Kirche St. Servatius in ihrer Gruft begraben. Der Engel klopfte an die Gruft und rief: „Monulphus und Gondulphus, erhebt euch! Eilt nach Aachen, denn dort wird am frühen Morgen die neue Kirche eingeweiht."

Die beiden Bischöfe folgten dem Ruf des Engels. Da sie in ihren Bischofsgewändern beerdigt worden waren, brauchten sie sich noch nicht einmal umzuziehen. Sie erhoben sich aus ihren Gräbern und machten sich auf den Weg nach Aachen.

Sie erreichten kurz vor Tagesanbruch das Jakobstor. Von dort aus eilten sie die Jakobstraße hinunter. Voller Freude dachten sie an das bevorstehende Fest und daran, dass sie es miterleben durften. Je näher sie ihrem Ziel kamen, umso lauter begannen ihre Gebeine in Erwartung des großartigen Ereignisses zu klappern. Als sie schließlich in die Gasse in Richtung Dom einbogen, klapperten die bischöflichen Knochen vor Freude und Eile so laut, dass die braven Aachener Bürger aus dem Schlaf hochschrecktern.

Ängstlich liefen sie am Straßenrand zusammen, um zu sehen, wer zu so früher Morgenstunde einen solchen Höllenlärm machte. Erstaunt sahen sie zwei bischöfliche Gerippe in vollem Ornat in Richtung Aachener Dom laufen.

Monulf und Gondulf waren pünktlich zur Eröffnung des Domes zur Stelle. Voller Freude nahmen sie die beiden vorgesehenen Plätze zwischen all ihren noch lebenden Kollegen ein. Jetzt konnte dem großen Ereignis nichts mehr im Wege stehen. Die Aachener feierten drei Tage und Nächte. Still und leise kehrten die

MONULFF GONDVLFF staet op ter vart
WYt AKEN dat MVNSTER!

Monulf und Gondulf eilen zur Eröffnung des Doms.

beiden Verstorbenen nach dem Einweihungsgottesdienst wieder In Ihre Gruft nach Maastricht zurück. Das Ende der Jakobstraße, dort, wo die Skelette am lautesten geklappert hatten, nannte man zur Erinnerung an die seltsamen Gäste fortan nur noch die „Klappergasse".

Info: Relief

Wenn du genau hinschaust, siehst du über den Skeletten eine Inschrift. Sie ist in Niederländisch geschrieben: Monulff, Gondulff, stoet op ter vaert wyt Aken dat Munster. Das heißt auf Deutsch: Monulf, Gondulf, steht auf zur Fahrt zum Aachener Münster.

14

Der wehrhafte Schmied

(Carl Burger, 1908)

Auf der Jakobstraße haben die Aachener einem echten Öcher Freiheitskämpfer ein Denkmal gesetzt. Auf der Brunnenanlage steht mit dem Schmiedehammer in der Hand, die Schürze umgebunden, der „wehrhafte Schmied". Seine Geschichte ist sehr alt. Sie recht mehr als 700 Jahre zurück.

Willst du sie kennenlernen? Ja, dann erzähle ich sie dir:

Graf Wilhelm IV. von Jülich war einst der mächtigste Mann in der Region rund um Aachen. Sein Herrschaftsgebiet reichte von Jülich bis Monschau und in die heutigen Niederlande hinein. Natürlich missfiel ihm, dass sich in seinem Herrschaftsbereich eine so selbstbewusste Stadt wie Aachen befand, über die er nicht zu bestimmen hatte. Seit 1166 besaß sie das Stadtrecht und war nicht ihm, sondern König Rudolf von Habsburg unterstellt.

Die Steuern musste jedoch der Graf im Namen des Königs bei den Aachenern kassieren. Dabei gab es immer wieder Ärger um die Höhe des Betrags. Deshalb beschloss Graf Wilhelm, die Stadt mit Gewalt einzunehmen.

Es geschah in der Gertrudisnacht, am 17. März des Jahres 1278, als er gemeinsam mit seinen Söhnen und einem Heer von Soldaten in Aachen eindrang. Ein untreuer Wächter hatte ihm ein Stadttor, das Jakobstor, geöffnet. Die Bevölkerung wurde von den

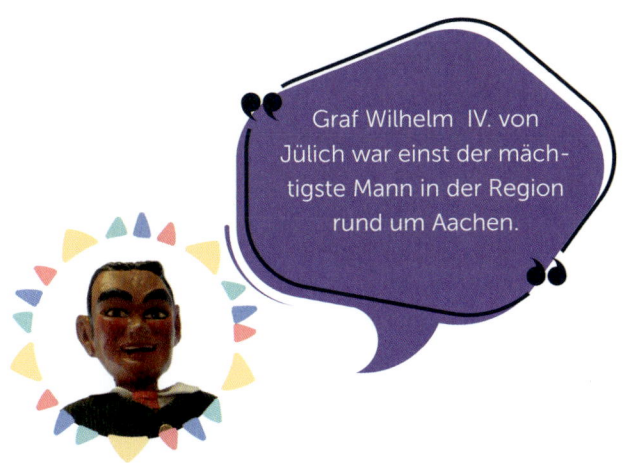

Graf Wilhelm IV. von Jülich war einst der mächtigste Mann in der Region rund um Aachen.

Soldaten aus dem Schlaf gerissen. In Nachtgewändern und mit Mistgabeln, Besen und Stöcken bewaffnet, wehrten die Aachener sich erbittert gegen die gut bewaffneten Jülicher.

In der Jakobstraße hatte ein Schmied schon früh mit seiner Arbeit begonnen. Er wunderte sich über den Lärm auf der Straße. Mit seinem Schmiedehammer in der Hand ging er neugierig hinaus. Das Jülicher Heer war fast schon am Markt angekommen. Wie der Schmied nun seine Nachbarn in Nachthemden kämpfen sah, hob er seinen schweren Schmiedehammer und tötete mit mächtigen Hieben den Grafen und auch seine drei Söhne.

Ohne ihre Anführer verließ die Jülicher der Mut. Sie ergriffen die Flucht. Der Schmied jedoch wurde als der „wehrhafte Schmied" zum Symbol für den Mut und Freiheitsdrang der Aachener. Für den Tod des Grafen wurden die Aachener von König Rudolf hart bestraft. Sie mussten der Witwe des Grafen so viel Geld zahlen, wie die Stadt in einem Jahr erwirtschaften konnte.

Außerdem wurden für den Grafen und seine Söhne vier öffentliche Gedenkaltäre aufgestellt. Sie wurden über Jahrhunderte gepflegt. Dort, wo einst der Altar für den Grafen gestanden hat, steht seit 1908 das Denkmal für den wehrhaften Schmied.

Der wehrhafte
Schmied

Der Marktbrunnen

(Karlsfigur, Dinant 1620, Schale Franz und Peter von Trier, Aachen 1620, Brunnenrand Johann Joseph Couven, um 1736)

Kennst du Kaiser Karl den Großen? Klar doch! Aber wie sah er aus? Auch klar, denn wir haben ja seine tolle bronzene Skulptur auf dem Marktbrunnen. Er ist 400 Jahre alt und damit der älteste Brunnen Aachens.

Die Aachener sagen: Vor dem Rathaus steht „eijjen Keiser Karl in singe Eäzekomp" (unser Kaiser Karl in seiner Erbsensuppenschüssel). „Eäzekomp" kann aber auch „Erzschale" bedeuten. Sie ist aus Bronze gegossen. Bronze ist gemischtes Metall. Es besteht aus Kupfer und Zinn. Die Schale ist sehr schwer, sie wiegt fast sieben Tonnen, das sind 7.000 Kilogramm. Dagegen ist der Kaiser Karl fast leicht, denn er wiegt „nur" 2,5 Tonnen, also 2.500 Kilogramm.

Der bronzene Karl wurde vor 400 Jahren in Dinant, das liegt in Belgien, gegossen. Mit ihm kamen auch die Printenformen nach Aachen. Die Geschichte findest du beim Printenmädchen (siehe Kap. 25).

Schaue dir den Kaiser Karl mal genau an. Die Figur ist 2,11 Meter hoch. Karl ist als Herrscher dargestellt. Das heißt, er trägt die königlichen Insignien. Das ist zunächst die Krone auf seinem Kopf. In einer Hand hält er seinen Stab. Der Stab heißt Zepter und weist ihn als Feldherrn aus. Im Krieg übernimmt der das Kommando über die Soldaten. In der anderen Hand trägt Karl eine Kugel, den Reichsapfel. Der Reichsapfel repräsentiert Himmel und Erde und somit die universelle königliche Macht. Auf dem Apfel siehst du ein Kreuz. Das steht für Kaiser Karls Religion, das Christentum.

So ganz genau haben die Künstler Kaiser Karl nicht dargestellt, denn Karl trägt eigentlich sehr moderne Klamot-

Kaiser Karl mit den Symbolen seiner Macht: Krone, Zepter und Reichsapfel

> "Kaum zu glauben, aber die Brunnenfigur hat tatsächlich einmal eine Reise nach Paris gemacht."

ten. Als Karl lebte, gab es solche Rüstungen noch nicht. Die Brunnenfigur wurde also vor 400 Jahren in einer Rüstung aus der damaligen Zeit abgebildet. Das war nicht unnormal.

Schwert und Rüstung zeigen Kaiser Karl als Herrscher, der viele Kriege geführt hat. Tatsächlich gab es in seinen 46 Regierungsjahren nur drei Jahre ohne einen Krieg. Dabei hat er fast

ganz Europa durchquert, was zu seiner Zeit sehr mühsam war und auch lange dauerte. Man reiste auf dem Pferderücken oder mit einem Boot über Flüsse.

Karl ist außerdem mit einem enormen Rauschebart dargestellt. Den hat er in Wirklichkeit auch nicht getragen. Er war viel moderner und trug nur einen Schnurrbart. Der Rauschebart soll seine Klugheit und Weisheit betonen.

Kaum zu glauben, aber die Brunnenfigur hat tatsächlich einmal eine Reise nach Paris gemacht. Damals, also vor ungefähr 230 Jahren, hatten französische Truppen Aachen erobert und unseren Kaiser Karl als Beute mitgenommen. Man wollte ihn in Paris aufstellen, hat aber nicht den richtigen Platz gefunden. Er kam erst elf Jahre später nach Hause zurück.

Bronzene Fische schwimmen im Wasserbecken des Brunnens.

Wenn du dir den Rand von der Brunnenschale ansiehst, kannst du eine Schrift erkennen. Darauf steht, wer die Schale gegossen hat.

Der steinerne Brunnenrand wurde etwa 120 Jahre später gebaut. Damals hat ein Aachener Baumeister mit Namen Johann Joseph Couven das Rathaus renoviert. Er hat dann gleich dem Brunnen ein passendes Wasserbecken verpasst. In dem Becken schwimmen fröhlich bronzene Fische. Der Baustil heißt barock.

Kaiser Karl nimmt auch als Brunnenfigur immer gerne an den Öcher Festen teil. Dafür wird er Karneval sogar verkleidet. Wenn Alemannia Aachen gut spielt, trägt er einen Fanschal.

Kaiser Karl als Brunnenfigur vor dem Rathaus

Außerdem gibt es an der Aachener Universität, sie heißt Rheinisch-Westfälische Technische Hochschule, kurz RWTH, einen alten Brauch: Immer wenn ein Wissenschaftler oder eine Wissenschaftlerin einen Doktortitel bekommt, wird das fröhlich gefeiert. Auch eine Ehrung von Kaiser Karl gehört dazu. Der frisch gebackene Doktor oder die Doktorin muss auf den Brunnen steigen und dem alten Kaiser den Popo küssen. Anschließend gibt es noch ein Bad im Geldbrunnen.

Wie sah Kaiser Karl aus?

Wir wissen nicht, wie Karl der Große in Wirklichkeit ausgesehen hat. Es war einfach niemand da, der ihn gemalt hätte. Das war zu seiner Zeit auch nicht üblich. Sein Sekretär, sein Name ist Einhard, hat einige Jahre nach Kaiser Karls Tod eine Biografie über ihn geschrieben. Das heißt, er hat das Leben Kaiser Karls aufgeschrieben. Es ist die einzige Beschreibung von jemandem, der Karl gekannt hat. Sie lautet so:

„Er war von breitem und kräftigem Körperbau, von hervorragender Größe, die jedoch das richtige Maß nicht überschritt – denn seine Länge betrug, wie man weiß, sieben seiner Füße -, das Oberteil seines Kopfes war rund, seine Augen sehr groß und lebhaft, die Nase ging etwas über das Mittelmaß, er hatte schönes graues Haar und ein freundliches, heiteres Gesicht. So bot seine Gestalt im Stehen wie im Sitzen eine höchst würdige und stattliche Erscheinung, wiewohl sein Nacken feist und zu kurz und sein Bauch etwas hervorzutreten schien; das Ebenmaß der anderen Glieder aber verdeckte dies. Er hatte einen festen Gang, eine durchaus männliche Haltung des Körpers und eine helle Stimme, die jedoch zu der ganzen Gestalt nicht recht passen wollte."

Ja, du hast recht, der Text ist altmodisch geschrieben. Karl sah laut Einhard also ganz gut aus. Er war nach heutigem Maß ungefähr 1,86 Meter groß, hatte ein wenig Bauch und einen kurzen Nacken. Interessant ist der Hinweis auf seine Stimme. Sie war hell und nicht sehr laut. Das heißt, er hatte sicher Probleme, wenn er Reden halten musste. Es gab damals ja keine Mikrofone.

Info: Barock

Barock nennt man eine Zeit, in der alles sehr reich verziert war. Das siehst du auch am Brunnenrand. Er ist nicht gerade gebaut, sondern in schwungvollen Linien, die Ränder sind gebogen und die Fische darin sehr aufwendig gearbeitet.

In Aachen ist Johann Joseph Couven der wichtigste Architekt für den Barockstil. Du erkennst seinen Baustil an den geschwungenen Fenstern. Die Laibungen sind nicht gerade gebaut, sondern in einem Bogen, mit einem dicken Stein, dem Keilstein, in der Mitte. Dieser Stein war bei wohlhabenden Leuten besonders reich verziert.

Hinweis: Plakette Karl der Kleine

Karl der Kleine und Barki sind zwei lustige Comicfiguren. Karl der Kleine liebt Printen über alles. Barki ist sein bester Freund und erinnert uns ein wenig an das Bahkauv. Alfred Neuwald hat die beiden gezeichnet. Ich bin sicher, du findest ihre Plakette auf dem Aachener Markt.

> Tipp:
> Suche gegenüber
> der Karlsapotheke!

16

Das Karlsmonogramm

Am Haus „Karlsapotheke" am Markt hängen eiserne Buchstaben, die kunstvoll ineinander verschlungen sind. Hier gibt es ein Rätsel zu lösen!

Schaue dir die Buchstaben genau an. Du erkennst ein K, ein R, ein L und ein S. In der Mitte wird es schwieriger, da brauchst du Fantasie: Gut zu erkennen ist ein A, daneben steht ein U auf dem Kopf. Die Raute ist das O, das damals noch nicht rund geschrieben wurde.

Also, liebe Scrabble-Meister: AOUKRLS, in die richtige Reihenfolge gebracht: KAROLUS.

So schrieb man Karls Namen zu seinen Lebzeiten. Es ist die lateinische Form von Karl. In Latein, der Sprache der Römer, wurden fast alle Dokumente verfasst. Besonders wichtige Dokumente wurden unterschrieben. Zurzeit von Kaiser Karl war es aber nicht üblich, dass der Herrscher selbst unterschrieb. Außerdem konnte er es nicht besonders gut.

So machte man also Gebrauch von einem „Signum", heute würde man sagen „Logo". Das wurde von den Schreibern verwendet und zwar so, wie wir es heute noch gerne verwenden, wenn wir auf Kaiser Karl hinweisen wollen.

Das Original des Karolus-Zeichens in einer alten Urkunde

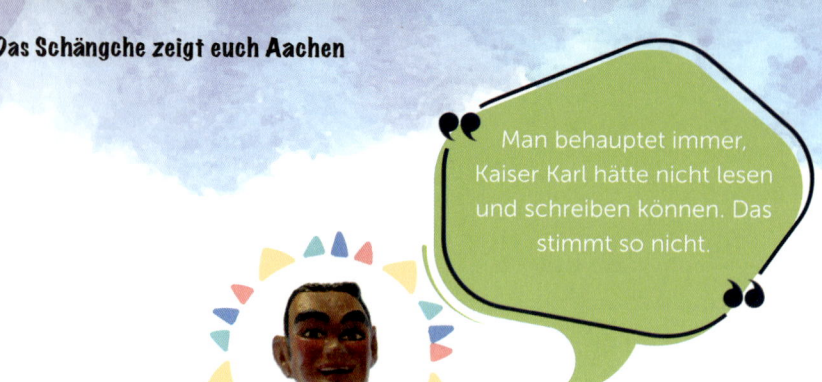

> Man behauptet immer, Kaiser Karl hätte nicht lesen und schreiben können. Das stimmt so nicht.

Das Signum an der Hauswand ist sehr groß. In Wirklichkeit war es meist nicht größer als eine Briefmarke.

Es ist bisher nicht bewiesen, dass Kaiser Karl einen Strich selbst zog, um das Zeichen zu vollenden. Das ist eher eine der vielen Legenden. Ich habe ein Original von einer Urkunde abfotografiert.

Man behauptet immer, Kaiser Karl hätte nicht lesen und schreiben können. Das stimmt so nicht:

Ich habe aber noch einmal bei Einhard nachgeschlagen und der erzählt uns eine lustige Geschichte zu Karl und seinen Schreibkünsten:

„Auch versuchte er sich im Schreiben und hatte unter seinem Kopfkissen im Bett immer Tafeln und Blätter bereit, um in schlaflosen Stunden seine Hand im Schreiben zu üben. Da er aber verhältnismäßig spät damit begonnen hatte, brachte er es auf dem Gebiet nicht sehr weit."

Karl konnte also ein wenig schreiben. Er war sicher deshalb mit dem Ergebnis nicht zufrieden, weil das Schreiben damals eine hohe Kunst war und die Schreiber echte Experten. Man nimmt jedoch an, dass Karl lesen konnte. Er konnte auch Rechnen und sprach mindestens fünf Sprachen fließend, darunter auch Latein und etwas Griechisch. Du siehst, er war alles andere als ungebildet.

In der Öcher Altstadt liegen viele Plaketten mit dem Karolus-Zeichen auf dem Boden. Sie markieren einen Weg für Touristen. Eine passende Broschüre kann man beim Tourismus-Büro kaufen oder auf das Handy herunterladen.

SIEGEL KARLS DES GROSSEN

Karl der Grosse,
des Schreibens
nicht mächtig
machte sein Siegel
unter Urkunden
rechtskräftig durch
den goldenen
Strich

17

Das Schildchen

Vielleicht hast du dich schon einmal gewundert, warum vor der Rathaustreppe ein dicker Stein im Boden liegt. Schaue mal genau hin, dann siehst du bronzene Reste von Ösen. An denen konnte man früher Ketten befestigen. Der Stein heißt das „Schildchen" oder der „Arme-Sünder-Stein". Hier ist seine Geschichte:

Das Elf-Trappe-Jesech

Der ehemalige Eingang zum Aachener Rathaus war eine einfache Treppe mit elf Stufen. Im Mittelalter war es üblich, Gerichtsurteile öffentlich zu verkünden. Deshalb wurden am „Arme-Sünder-Stein" vor der Treppe die Verbrecher angekettet. Auf der elften Stufe aber stand der Richter, der ihnen sein Urteil vorlas. Da die Strafen damals häufig sehr streng waren, machten die Gefangenen entsprechend lange Gesichter.

Wenn heute jemand ein langes und trauriges Gesicht macht, fragt man ihn deshalb im Öcher Platt: „Wat mahts du da för en Elf-Trappe-Jesech?"

Gerichtsurteile wurden im Mittelalter von hier oben verkündet.

Das Rathaus

> " Die ältesten Mauern des Rathauses sind 1.200 Jahre alt. "

Unser Öcher Rathuus ist schon ein ganz besonderes Gebäude. Es ist sehr eng mit der Geschichte der Öcher Bürger verbunden. Du kannst es mit einem Haus vergleichen, das schon lange von derselben Familie bewohnt wird.

Die ältesten Mauern des Rathauses sind 1.200 Jahre alt. Sie stammen tatsächlich noch aus der Zeit von Kaiser Karl. Wenn du in Richtung Postwagen gehst, dann siehst du an der Ecke ein „archäologisches Fenster". Schaue hinein und du entdeckst sehr, sehr alte Steine. Sie haben zum Teil noch Markierungen, die aus der Zeit der Römer stammen. Diese Mauern bilden das Fundament, also die Basis, für das Rathaus.

Zur Zeit Kaiser Karls gehörten die Mauern zu seinem Palast. Das war kein Schloss, wie wir es uns heute vorstellen, sondern eine große Festhalle. Zum Wohnen war das Gebäude nicht gedacht. In diese Halle passten sehr viele Menschen. Karl hielt hier Gericht, oder er veranstaltete Versammlungen mit seinen Reichsfürsten.

Er soll hier aber auch tolle Feste gefeiert haben. Kaiser Karls Hallenfeste in Aachen waren sehr bekannt. Man sprach im ganzen Reich darüber. Es wurde musiziert, Sänger und Artisten traten auf und mit Sicherheit wurde auch getanzt. Du siehst, feiern konnten die Menschen schon immer.

Die Königshalle von Kaiser Karl hatte dieselbe Größe und Form wie das heutige Rathaus. Sie war der größte Saal im ganzen Karolingerreich.

Nach Kaiser Karls Tod hat sein Sohn Ludwig, er wird der Fromme genannt,

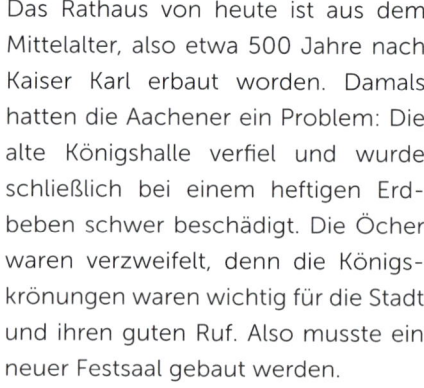

> „Die Bürger ließen alle Mauern, die beschädigt waren, abreißen und bauten auf den alten Mauern ein neues Haus, unser heutiges Rathaus."

noch mindestens 20 Winter in Aachen verbracht. Auch er hat die Halle genutzt, aber nicht mehr so rauschende Feste gefeiert. Dazu war er zu fromm. Danach wurde es stiller um die Aachener Pfalz. Erst mit der Krönung

Der Ratssaal

von Otto I., genannt der Große, kam wieder Leben in die Bude (darüber erfährst du mehr im Infokasten „Aachen wird Krönungsstadt").

Das Rathaus von heute ist aus dem Mittelalter, also etwa 500 Jahre nach Kaiser Karl erbaut worden. Damals hatten die Aachener ein Problem: Die alte Königshalle verfiel und wurde schließlich bei einem heftigen Erdbeben schwer beschädigt. Die Öcher waren verzweifelt, denn die Königskrönungen waren wichtig für die Stadt und ihren guten Ruf. Also musste ein neuer Festsaal gebaut werden.

Die Bürger ließen alle Mauern, die beschädigt waren, abreißen und bauten auf den alten Mauern ein neues Haus, unser heutiges Rathaus. Dabei waren unsere Vorfahren echt clever. Sie bauten im Erdgeschoss Räume, die sie für die Angelegenheiten der Stadt benötigten. Also einen Saal für den Rat, einen für die Bürgermeister und Räume, in denen sich die Organisation der Handwerker, man nennt sie Zünfte, treffen konnten. Den Festsaal, er heißt heute Krönungssaal, bauten sie auf die erste Etage. Er wurde ja nicht ständig gebraucht.

Das Rathaus von innen

Ein Raum im Erdgeschoss wird immer noch vom Stadtrat genutzt. Der Rat der Stadt hält seine Sitzungen im Ratssaal ab. In den beiden Räumen daneben findest du Büro und Sekretariat des Oberbürgermeisters oder der Oberbürgermeisterin.

Prächtig ist der „Weiße Saal" gegenüber. Dort kann man heiraten. Die Stadt nutzt ihn auch für Empfänge

Der Weiße Saal

Die Amtskette aus Adlern mit Karlsmonogramm

sich wohl die Handwerksmeister zu ihren Besprechungen am großen Kamin versammelt. Der Kamin ist riesig und etwa 350 Jahre alt. Der letzte Raum ist der „Rote Saal" oder Friedenssaal. Hier sollte vor Jahrhunderten ein Friedensvertrag unterschrieben werden. Deshalb hat man ihn so aufwendig geschmückt.

von wichtigen Gästen. Dahinter ist ein Raum, der das „Werkmeistergericht" genannt wird. Dort hat man vor langer Zeit die Stoffe geprüft, die aus Aachen in alle Welt verschickt wurden.

In einer Vitrine hängt die Amtskette für die Oberbürgermeister*in. Sie ist aus lauter kleinen Adlern geformt. Im Medaillon erkennst du das Karlsmonogramm (siehe Kap. 16). In der Vitrine daneben steht das Teufelstintenfass. Das erzählt eine alte Öcher Sage (du findest sie im Infokasten auf S. 98-99).

Wenn du weitergehst, kommst du in die „Werkmeisterküche". Dort haben

Zum Krönungssaal kommst du über ein Treppenhaus, das später angebaut wurde.

Im Krönungssaal finden sehr häufig Veranstaltungen und Konzerte statt. Das wichtigste Ereignis ist die Verleihung eines Preises für Europa, er heißt „Der Internationale Karlspreis zu Aachen". Dann ist jedes Mal genauso viel los wie früher bei den Krönungen. Es sind sogar schon Könige, eine Königin und zwei Päpste mit dem Preis ausgezeichnet worden.

Wenn gerade keine Veranstaltung ist, kannst du das Rathaus besichtigen.

Der Krönungssaal

Praktisch, denn Kinder zahlen keinen Eintritt. Du wirst staunen, wie groß der Krönungssaal ist. Er erstreckt sich über die komplette erste Etage.

Heute wird der Saal von riesigen Wandgemälden geschmückt. Die hat der Maler Alfred Rethel vor ungefähr 160 Jahren gemalt. Er wurde in Aachen geboren. Die Bilder zeigen Geschichten aus dem Leben von Kaiser Karl dem Großen. Der Saal ist also seinem Andenken gewidmet (eine Erklärung zu den Bildern findest du weiter hinten unter „Die Wandgemälde von Alfred Rethel").

Wenn gerade keine Veranstaltung ist, kannst du das Rathaus besichtigen. Praktisch, denn Kinder zahlen keinen Eintritt.

Das Teufelstintenfass im Werkmeistergericht...

Das Tintenfass ist etwa 100 Jahre alt. Ehrengäste der Stadt benutzten es, um sich in das Gästebuch, es heißt das „Goldene Buch", einzutragen. Da es damals keine Füller gab, hat man eine Feder in Tinte getaucht, um zu schreiben. Die Feder liegt neben dem Tintenfass, die Tinte wurde in den Teufelssack gefüllt.

Du siehst den Teufel abgebildet, der einen großen Sack trägt. Davor sind ganz klein die Stadtmauern von Aachen zu erkennen. Schaue genau hin: Da steht eine kleine Marktfrau. Ja, Teufel, Marktfrau und Sack sind die Hauptdarsteller in einer wichtigen Aachener Sage. Sie handelt von der Entstehung des Lousbergs, Aachens höchstem Berg an den Stadtgrenzen.

Hier ist seine Geschichte:

Wie du weißt, war der Teufel von den Aachenern bei der Eröffnung des Domes um die Seele betrogen worden. Er hatte nur eine Tierseele erhalten. Wutentbrannt rannte er daraufhin aus dem Dom und klemmte seinen Daumen für immer im Löwenkopf an der Domtüre ein. Dort steckt er fest. Den Verlust seines Daumens wollte der Teufel jedoch nicht einfach so hinnehmen.

...oder wie der Lousberg entstand

Er beschloss, sich zu rächen und den Aachener Talkessel mit Sand zuzuschütten. Dazu schleppte er einen riesigen Sandsack bis vor die Stadtgrenze. Als er dort erschöpft eine Pause machte, begegnete ihm eine schlaue – „luese" – Aachener Marktfrau. Der Teufel fragte sie, wie weit es noch bis Aachen sei. Die Alte aber hatte seinen Pferdefuß unter dem Umhang bemerkt. Sie schwindelte ihm vor, dass es noch ein langer Weg bis nach Aachen wäre und begann ein Klagelied über ihre abgelaufenen Schuhe. Die hätte sie angeblich erst morgens in Aachen gekauft.

Während sie so den Teufel ablenkte, ließ sie heimlich ihren Rosenkranz auf den verdächtigen Sack fallen. Das Kreuz an der Gebetskette brannte ein Loch hinein. Wenig später hob der Leibhaftige den Sack auf, um sich missmutig auf den vermeintlich langen Weg nach Aachen zu machen. Der Stoff aber riss an der beschädigten Stelle auf. Der ganze Sand ergoss sich vor den Toren der Stadt.

Der so entstandene Sandberg wurde von nun an Lousberg genannt. Der Legende nach geht der Name auf „Lues-Berg" zurück, was im Aachener Dialekt so viel wie „Schlauberg" heißt. In Wirklichkeit ist Ludwig der Fromme, der Sohn Kaiser Karls, der Namenspate für den ehemaligen Louvesberc, also Ludwigsberg.

Das Rathaus mit 50 Figuren von Königen und Kaisern

Das Rathaus von außen

Wenn du vom Markt aus auf das Rathaus guckst, kannst du viele Figuren an der Fassade erkennen. Du brauchst nicht zu zählen, ich habe das schon mit meinen Freunden getan. Es sind 50 Könige und Kaiser dort abgebildet. Die Fassade wurde vor über 100 Jahren neu gestaltet und mit allen Königen und Kaisern verziert, die dem alten Kaiser Karl auf den Thron gefolgt sind.

Außerdem siehst du ein Band mit Reliefs. Darin sind die wichtigsten Aachener Handwerke und die Wissenschaften dargestellt, die damals an der Aachener Universität, dem Polytechnikum, gelehrt wurden. Die Universität heißt heute „Rheinisch-Westfälische Technische Hochschule". Sie hat viel mehr Fächer als damals und auch eine Menge mehr an Studierenden.

Rathaustüre
(Ewald Mataré, 1964)

Der Eingang vom Rathaus hat heute eine ganz moderne Tür. Sie ist aus Bronze. Schaue sie dir genau an, dann kannst du sehen, dass sie wie ein Vorhang geformt ist. An den einzelnen Falten hängen kleine Köpfe. Sie sehen

Die Hinterseite des Rathauses

aus wie Troddeln. Die kleinen Köpfe haben echt lustige Gesichter.

Als die Türe neu war, haben die Öcher gelacht und gesagt, der Stadtrat wäre am Rathaus abgebildet. Die Herren waren beleidigt, denn Frauen waren damals im Stadtrat nicht vertreten.

Die Majestas Domini
– ein Dreieck über dem Rathauseingang

Im Dreieck über dem Rathauseingang kannst du eine Gruppe aus drei Figuren erkennen. Sie zeigen Jesus Christus als Herrscher der Welt. Er thront mit segnender Hand in der Mitte. Neben Christus kniet rechts Kaiser Karl. Er trägt den Dom auf seinem Knie. So kann man ihn als Stifter des Doms erkennen.

Lustige Gesichter auf der Eingangstür aus Bronze

Die Majestas Domini: Jesus Christus mit Kaiser Karl (rechts) und dem Papst Leo III. (links)

Die Rathaustürme

Das Rathaus hat zwei Türme, die ganz unterschiedlich aussehen.

Marienturm

Wenn du nach rechts gehst, kommst du an den Marienturm. Er ist halbrund. Seinen Namen hat er von einer

Die kniende Figur links ist ein Papst. Er heißt Leo III. Dieser Papst hat Kaiser Karl im Jahre 800 zum Kaiser gekrönt. Die drei Figuren erzählen also vom Beginn des Kaisertums in Westeuropa. Aber selbst ein Kaiser hat Gott zu gehorchen. Ohne seinen Segen ist er machtlos. Deshalb halten die Engelchen ein Spruchband in den Händen. Darauf steht in lateinischer Sprache geschrieben: „Per me reges regnant" – „Durch mich regieren die Herrscher".

Die Marienfigur am Marienturm

> Kurios: Das Glockenspiel erklingt immer wenige Minuten nach der vollen Stunde. Zur vollen Stunde schlägt die Domglocke, der lässt man den Vorrang.

großen Marienfigur, die über dem Eingang hängt. Daneben siehst du einen Uhrenturm. Er hat eine kleine Tür.

Angeblich war das ursprünglich der einzige Zugang zum Krönungssaal. Am Uhrenturm siehst du ein weiteres Relief. Es stellt den Besuch der Heiligen Drei Könige beim Jesuskind in der Krippe dar.

Wenn du dir die Spitze vom Marienturm ansiehst, kannst du viele kleine Glocken entdecken. Darin ist das Glockenspiel, das jede Stunde eine Melodie spielt. Meist läuft es automatisch. Es gibt jedoch auch eine Tastatur, mit der man die Glocken per Hand bedienen kann. Der Glockenspieler haut dann mit den Fäusten auf die Tasten. Das Glockenspiel hat 49 Glocken.

Der halbrunde Marienturm auf der rechten Seite

Der Granusturm ist das älteste Bauwerk der Stadt Aachen.

Granusturm

Der Granusturm ist viereckig. Wieso er nach dem römischen Wassergott Granus benannt ist, weiß man nicht so genau. Ich denke, wie die Öcher so sind, haben sie gedacht: „Der Turm war schon immer, also ist er von den Römern." Das stimmt aber nicht.

Der Turm ist zwar das älteste Bauwerk, das wir in Aachen kennen, er ist sogar ein paar Jahre älter als der Dom, aber gebaut wurde er von Kaiser Karl. Er war das erste Gebäude, das er für seine riesige Pfalz hat bauen lassen.

Warum? Das wissen wir leider nicht. Trotz intensiver Forschung konnte man nicht feststellen, was er für eine Funktion hatte. Deshalb gibt es viele Vermutungen und Geschichten rund um den Turm. Die beste ist, dass Kaiser Karl darin gewohnt haben soll. Das ist natürlich Quatsch, aber lustig.

Heute ist der Turm etwas höher als früher, weil das Rathaus höher ist als Kaiser Karls Königshalle. Deshalb ist der obere Teil vom Turm einige Jahrhunderte später gebaut worden.

> „Die beste Geschichte über den Granusturm ist, dass Kaiser Karl darin gewohnt haben soll. Das ist natürlich Quatsch, aber lustig."

Aachen wird Krönungsstadt

Otto war der erste König, der nicht mehr aus der Familie Kaiser Karls des Großen kam. Also musste er sich etwas einfallen lassen, um seinen Untertanen klarzumachen, dass er der echte Nachfolger von Kaiser Karl ist. Er ließ sich also da krönen, wo der alte Kaiser begraben lag, im Aachener Dom. Das geschah 936, damals war Kaiser Karl schon mehr als 120 Jahre tot.

Nach Ottos Krönung im Aachener Dom gab es ein großes Festessen mit den wichtigsten Fürsten des Reiches. Das fand in Kaiser Karls alter Königshalle statt. Da von nun an noch weitere 29 Könige in Aachen gekrönt wurden, feierte man alle Krönungsfestmähler hier. Weil nicht alle Könige bei ihrer Krönung verheiratet waren, sind übrigens nur 12 Königinnen in Aachen gekrönt worden.

Zur Zeit der Karolinger wurden übrigens Kaiser Karls Sohn Ludwig und sein Enkel Lothar in Aachen gekrönt. Deshalb kommt man zusammen auf 32 Krönungen in Aachen.

Die Wandgemälde von Alfred Rethel

Das Bild über der Eingangstür heißt die „Schlacht bei Cordoba" und erinnert an Karls Feldzug nach Spanien. Er war damals noch sehr jung und hat sich, ehrlich gesagt, in eine Falle locken lassen.

Karl besiegt die Sarazenen in der Schlacht bei Cordoba.

Das Bild, das wir sehen, zeigt Karl jedoch als den großen Gewinner. Er reitet auf seinem Pferd und schwingt sein Schwert. Erschrocken weichen die Spanier – es war damals das Volk der Sarazenen – zurück.

Etwas anderes ist jedoch interessant: Schaue auf die Pferde. Sie haben die Augen verbunden. Die Sarazenen sollen angeblich mit Masken und Trommelwirbel in den Krieg gezogen

sein, um ihre Gegner zu erschrecken. Karl hatte jedoch von dieser List erfahren und ergriff eine Maßnahme, damit die Pferde nicht flüchten. Er hat ihnen mit Wachs die Ohren verschließen lassen und mit Tüchern die Augen verbunden.

Das Bild im Krönungssaal hat also eine besondere Botschaft: Selbst die Tiere sind Kaiser Karl blind und taub in die Schlacht gefolgt. Damit wollte der Künstler aus Karl einen echten Supermann machen.

Auf der rechten Wand siehst du zwei Bilder. Auf dem linken Bild reitet Kaiser durch ein großes Tor. Es heißt auch „Einzug in Pavia". Karl trägt eine Krone in der linken Hand. Sie ist die Krone des Volkes der Langobarden und wird die „eiserne Krone" genannt. Die Langobarden lebten in Norditalien und ihre Hauptstadt war damals Pavia. Karl

Karl besiegte die Langobarden und hält Einzug in ihre Hauptstadt Pavia.

hat die Langobarden besiegt und reitet nun mit ihrer Krone in die Hauptstadt.

Schaue mal in die rechte Ecke. Dort siehst du einen Mann, der mit Ketten gefesselt ist. Das ist König Desiderius, den Karl besiegt hat. Hinter ihm versteckt sich eine junge Frau. Das ist seine Tochter, die wir heute Desiderata nennen. Sie war Kaiser Karls erste Ehefrau. Du siehst, er hat sich von ihr getrennt und dann Krieg gegen ihr Volk geführt.

Die „eiserne Krone" habe ich für dich fotografiert. Es gibt eine Kopie im Museum „Centre Charlemagne".

Die eiserne Krone

Das Bild daneben heißt die „Krönung von Ludwig dem Frommen". Es war tatsächlich die allererste Krönung, die in Aachen stattfand. Ludwig war der Einzige von fünf Söhnen, der noch

Die Krönung von Ludwig dem Frommen, einer von Karls Söhnen

lebte, als Kaiser Karl starb. Um seine Nachfolge zu regeln, ließ Karl seinen Sohn am 11. September 813 krönen und übertrug ihm sämtliche Ämter und Titel. Du siehst das auch auf dem Bild.

Karl wird zwar von zwei Dienern gestützt, aber er macht eine herrische Geste. Das soll zeigen, dass er den Befehl für diese Krönung gibt. Ludwig setzt sich die Krone sogar selbst auf. Das zeigt seine Unabhängigkeit. Tatsächlich ist Kaiser Karl nur vier Monate später gestorben (das kannst du in Kap. 28 nachlesen).

Auf der anderen Seite des Saales findest du zwei weitere Bilder. Das rechte Bild heißt „Die Zerstörung der Irminsul". Das Bild erinnert uns an den 32 Jahre dauernden Krieg gegen die Sachsenvölker, die sich mit aller Kraft gegen die Herrschaft der Franken und auch gegen deren Religion, das Christentum, gewehrt haben.

Die Zerstörung der Irminsul

Sie beteten den Irmin an. Das war eine Baumgottheit in Form einer riesigen Eiche. Der Baum war so hoch, dass die Sachsen glaubten, der Gott Irmin würde den Himmel tragen. Erinnere dich an Majestix in den Asterix-Geschichten. Auch er glaubt, der Himmel fiele ihm auf den Kopf.

Kaiser Karl ließ den Baum einfach fällen, um den Sachsen zu beweisen, dass ihr Glaube nicht stimmt, und das siehst du auf dem Bild. Tatsächlich haben sich einige Sachsen überzeugen lassen, aber der Krieg ging noch viele Jahre weiter.

Links siehst du ein Bild, das viel kleiner ist als die anderen. Es zeigt „Kaiser Karl in seiner Gruft". Das Bild folgt einer der vielen Legenden, denn in Wirklichkeit war Karl niemals in einer solchen Gruft begraben. Du erkennst ihn auf seinem Thron sitzend. Sein Gesicht ist verschleiert. Vor ihm kniet ein Kaiser. Das ist Otto III. Er ist der Enkel von Otto dem Großen und der jüngste König, der je in Aachen gekrönt wurde. Otto war bei seiner Krönung erst drei Jahre alt.

Kaiser Karl in seiner Gruft

Als er nach der Krönung den Aachener Dom verließ, kam die Nachricht, dass sein Vater, Otto II., in Rom gestorben sei. Damit wurde er schon als Dreijähriger zum Herrscher. Otto III. war der Erste, der das Grab von Kaiser Karl geöffnet hat. Das ist sicher.

Er erhoffte sich Hilfe vom großen Kaiser, weil er nach Italien reisen und in Rom Krieg führen musste. Es hat ihm nicht viel genutzt. Otto ist dort im Alter von nur 23 Jahren an Malaria gestorben. Sein Leichnam, also der tote Körper, wurde nach Aachen gebracht und dort neben Kaiser Karl beerdigt. Wir haben also zwei Kaiser, die im Dom begraben liegen.

Die Gemälde sind heute nicht mehr so prächtig in ihren Farben. Das liegt daran, dass man sie während des Zweiten Weltkriegs von den Wänden gelöst hat. Nachdem das Rathaus renoviert war, konnte man sie wieder anbringen. Drei Gemälde sind übrigens in diesem Krieg für immer zerstört worden. Das Rathaus wurde von Bomben getroffen.

Die Reichsinsignien
(Kopien Bernhard Witte und Paul Beumers zwischen 1914-1920)

Am Ende des Krönungssaals findest du eine große Glasvitrine. Hier war früher mal eine Gebetsecke für den Öcher Stadtrat. Heute sind darin die Reichsinsignien untergebracht. Es sind die Kronjuwelen der deutschen Kaiser und Könige. Mit diesen Gegenständen wurden über Jahrhunderte die Herrscher im Aachener Dom gekrönt.

Im Mittelpunkt der Gruppe siehst du die **Krone**. Sie wird die „Krone Karls des Großen" genannt, wurde aber leider erst nach seinem Tod gefertigt. Na ja, so haben sich unsere Vorfahren eben geirrt.

Die Krone wurde jedoch schon vor 1.000 Jahren benutzt. Sie ist aus acht Platten zusammengesetzt, die reich mit Perlen, Edelsteinen und Emailarbeiten verziert sind und wiegt mehr als sieben Kilogramm. Es ist eine Hutkrone. Damit sie den Königen passte, wurde sie auf einen Hut aufgesetzt. Der Hut war dem König vorher angepasst worden.

Außerdem siehst du in der Vitrine den **Reichsapfel** als Symbol für die Herrschaft über die Welt und ein **Zepter** als Zeichen der militärischen Macht. Das Zepter ist eigentlich ein verkürzter Feldherrenstab.

Neben dem Zepter liegt ein Stab mit einem runden Kopf, der voller Löcher ist. Das ist ein **Aspergill**. Mit ihm wurde Weihwasser verspritzt.

Links neben der Krone steht ein Kästchen. Es hat die Form eines Hauses. Das ist eine reich geschmückte Pilgertasche. Sie enthielt früher Reliquien und Erde vom Hinrichtungsort des hei-ligen Stephanus. Er war einer der ers-ten Menschen, die wegen ihres christ-lichen Glaubens ermordet wurden.

Die Reichsinsignien mit Krone, Reichsapfel, Zepter, Pilgertasche (Stephansbursa) und das Reichsevangelium

Die **Stephansbursa** wurde während der Krönungen unter den Sitz des Throns geschoben. So saß der König auf heiliger Erde.

Hinter dem Pilgerkästchen steht die **Heilige Lanze**. Sie ist der älteste Gegenstand hier. Im Inneren siehst du, dass ein langer eiserner Gegenstand mit Draht umwickelt ist. Das soll ein Nagel vom Kreuze Christi sein. Für die Menschen, die das damals geglaubt haben, war die Lanze der wertvollste Gegenstand überhaupt.

Unbezahlbar ist das Buch in der Vitrine. Es ist das **Reichsevangelium**. Auf dieses Buch legten die Könige ihre Hand zum Schwur. Du denkst sicher, es wäre wegen seines tollen Deckels so wertvoll. Nein, der Deckel wurde von Hans von Reutlingen erst im Mittelalter gemacht.

Das Buch unter dem Deckel ist besonders wertvoll. Es wurde in Aachen an Kaiser Karls Hofschule geschrieben. Da man kein Papier hatte, benutzte man Pergament (s. Infokasten). Dieses Pergament war vorher mit der teuersten Farbe der Welt gefärbt worden: mit Purpur. Danach hat man die Texte mit goldener Tinte geschrieben. Außerdem haben die besten Büchermaler der damaligen Welt die Bilder darin gemalt.

Die **Schwerter** waren nicht zum Kämpfen gedacht. Das in der goldenen Scheide (Hülle) wurde dem König zur Krönung vorangetragen. Die darauf abgebildeten Könige sind frühe Nachfolger Kaiser Karls. Das **Reichsschwert** ist ebenfalls ein Zeremonienschwert. Der krumme **Säbel Karls des Großen** soll in seinem Grab gelegen haben. Die Legende sagt, er habe ihn von Harun al-Raschid, dem Herrscher von Bagdad, bekommen. Sicher ist, dass Harun al-Raschid ihm einen Elefanten geschenkt hat (Info unter Abul Abbas).

Evangelist Lukas, Reichsevangeliar

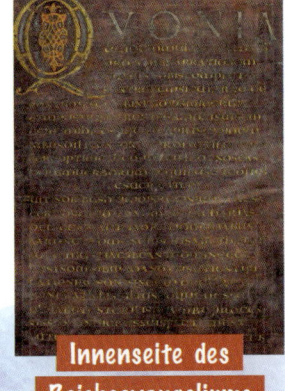

Innenseite des Reichsevangeliums

111

Das **Kreuz** wurde während der Krönungen auf den Altar gestellt. Es ist von hinten zu öffnen. Man kann die Heilige Lanze darin aufbewahren.

Du siehst, der Reichsschatz ist schon sehr besonders. Früher galten die Gegenstände als heilig. Sie wurden deshalb an einem Ort aufgehoben, der Heiltumskammer hieß. Die Hüterin des Schatzes war die Stadt Nürnberg. Ganz schön umständlich: Die Gegenstände mussten für jede Krönung von Nürnberg nach Aachen transportiert werden.

Unten im Rathauseingang hängen zwei Bilder, die auf Holz gemalt sind. Es sind Kopien der Türen zur Schatzkammer. Bemalt hat sie der Nürnberger Maler Albrecht Dürer. Auf einem Bild siehst du Karl den Großen. Er trägt die Krönungsinsignien des Reichsschatzes. Dieses Gemälde ist das berühmteste, das es von Kaiser Karl gibt. Karl war leider schon 700 Jahre tot, als es gemalt wurde. Auf dem anderen ist Kaiser Sigismund abgebildet. Er hat der Stadt Nürnberg das Aufbewahrungsrecht gegeben.

Leider sind auch die Gegenstände in unserer Vitrine nicht die echten. Die

Das berühmteste Bild von Kaiser Karl - gemalt von Albrecht Dürer

gibt es noch, sie werden aber seit mehr als 200 Jahren in Wien, das ist die Hauptstadt von Österreich, verwahrt und leider niemals ausgeliehen. Deshalb hat der letzte deutsche Kaiser, Kaiser Wilhelm II., diesen Reichsschatz vor über 100 Jahren für Aachen kopieren lassen. Das Material ist echt, und die Stücke sind von den Originalen kaum zu unterscheiden.

Purpur

Die Seiten des Reichsevangeliars sind in Purpur getränkt. Purpurrot war die Farbe der Könige, weil sie die teuerste aller Farben war. Sie wurde aus Purpurschnecken hergestellt. Diese hat man extra gezüchtet. Man brauchte jedoch für ein Gramm Farbe – das ist so viel, wie auf deine Fingerspitze passt – 5.000 Schnecken. Purpur ist bis heute extrem teuer. Ein Gramm kostet etwa 4.000 Euro.

Abul Abbas

Kaiser Karl besaß einen echten Elefanten. Er war weiß und hieß Abul Abbas, was „alter Vater" heißt. Der Elefant war ein Geschenk von Harun al-Raschid an Kaiser Karl den Großen. Karl hatte einst eine Gesandtschaft in den Orient geschickt, um den unbekannten Teil des Mittelmeers zu erkunden. Nur der Dolmetscher der Gruppe, Isaak, hat die Reise überlebt. Alle anderen sind an Krankheiten in der für sie unbekannten Welt gestorben.

Isaak kam über das Mittelmeer zurück ins Frankenreich. An Bord des Schiffs hatte er den Elefanten.

Pergament

Papier gab es in Kaiser Karls Reich noch nicht. Deshalb schrieb man auf Pergament. Es wurde aus Ziegenhaut hergestellt und war enorm wertvoll. Du musst dir vorstellen, dass einfache fränkische Bauern meist sehr arm waren. Wenn sie eine Ziege besaßen, waren sie wohlhabend, wenn sie zwei Ziegen hatten, waren sie fast schon reich. Man brauchte jedoch eine ganze Herde von fast 100 Ziegen, um genügend Pergament für ein Buch herstellen zu können. Das konnte sich nur der König leisten.

Zusätzliche Infos

Evangelien

Die Evangelien erzählen das Leben von Jesus Christus auf der Erde. Es gibt offiziell vier von ihnen: das Evangelium von Markus, das von Johannes, das von Lukas – es ist das kürzeste – und das von Matthäus. Die vier Männer heißen Evangelisten. Die vier werden oft im Kirchenschmuck als Tiere dargestellt, sie heißen Symbole. Der Markus ist der Löwe, der Johannes der Adler, Lukas ist der Stier und Matthäus ist ein Engel. Schaue auf den Deckel des Reichsevangeliars, dort kannst du die vier Symbole sehen.

Krönungen in Aachen: Ein Fest für alle

Die Königskrönungen waren für die Öcher wahre Volksfeste. Es begann schon damit, dass jede Menge Neugierige nach Aachen kamen, um an dem Spektakel teilzunehmen. Aachen war dann überfüllt. Die Festlichkeiten begannen mit dem Einmarsch des Königs und seiner Begleitung. Das konnten bis zu 3.000 Leute sein.

Die Ritter und Soldaten waren herrlich geschmückt. Fahnenträger und Musikanten begleiteten den Zug. Überall musste der König stehen bleiben. Am

Die Reichskrone

Stadttor – es war meist das Kölntor, heute der Hansemannplatz – verschenkte er sein Pferd an die dortigen Wächter. Weil diese mit einem so edlen Tier eigentlich nichts machen konnten, kaufte der König es ihnen hinter dem Stadttor wieder ab.

Dann begrüßte der Rat den neuen Herrscher. Die Ratsherren und die Domherren brachten die Büste Karls des Großen aus der Domschatzkammer mit. So begrüßte Kaiser Karl seine Nachfolger höchstpersönlich. Die Büste hat eine Klappe oben am Kopf. Wenn man sie öffnet, erscheint ein Stück Schädelknochen von Kaiser Karl. Den musste der neue König küssen.

Am Weg standen unzählige Menschen. Damit sie Platz machten, wurden von Zeit zu Zeit Münzen geworfen. Schließlich kam der Zug am Dom an. Dort wurde eine Abendmesse gehalten.

Am nächsten Morgen begannen die Feierlichkeiten im Dom. Der neue Herrscher wurde vom Erzbischof von Köln an der Domtür begrüßt. Während der Zeremonie bekam er den Krönungsmantel umgelegt und wurde mit dem Säbel Kaiser Karls gegürtet. Danach fand am Hauptaltar die Krönung statt. Anschließend stieg der König auf die Empore des Doms. Dort setzte er sich auf den marmornen Thron. Während er dort saß, wurde ein „Vaterunser" gebetet. Damit war die Krönung vollendet und der neue König begann damit, seine Getreuen zu Rittern zu schlagen.

Vom Dom aus ging es in einem Festzug in den Krönungssaal. Dort wurde ein Festessen veranstaltet, bei dem die wichtigsten Fürsten des Reiches, die Kurfürsten, dem neuen Herrscher ihre Ehrerbietung zeigten. Bis zu 50 Gänge sollen während eines solchen Festmahls serviert worden sein. In der Zwischenzeit feierten die Öcher ganz zünftig auf den Plätzen und vor allem auf dem Markt.

Dort standen Brunnen, aus denen kostenlos Wein floss. Jeder durfte sich von einem Berg Getreide bedienen. Wer Glück hatte, fand eine Münze darin. Eine besondere Attraktion war ein Ochse am Spieß. Der war gefüllt mit einem Schwein, das Schwein mit ei-

nem Reh, das Reh mit einer Gans, die Gans mit einem Huhn. In dem Huhn steckte ein Ei. Wenn man das erreicht hatte, war der mittelalterliche Spießbraten gegessen.

Eine weitere Attraktion war eine überlebensgroße Puppe von Kaiser Karl. Darin steckte ein Artist, der auf Stelzen ging. Während er über das Straßenpflaster balancierte, musste er mit der einen Hand ein Modell des Domes festhalten und mit der anderen Hand den Kindern Süßigkeiten zustecken. Außerdem konnte die Puppe mit den Augen rollen.

Nach dem Krönungsmahl durfte sich der König ein wenig ausruhen. Gegen Abend gingen die Festlichkeiten weiter. Erst jetzt durften auch die vornehmen Damen daran teilnehmen.

Während einer Königskrönung veranstaltete man auch eine kleine Heiligtumsfahrt. Dann wurden die Stoffreliquien von Kaiser Karl außerhalb der üblichen Wallfahrten gezeigt.

19

Der Postwagen

Das kleine Holzhaus an der Ecke des Rathauses heißt heute „Postwagen". Darin sind ein Restaurant und eine Gastwirtschaft. Dort kann man noch wie in alten Zeiten sein Bierchen trinken. Auf der Speisekarte stehen ganz traditionelle Gerichte wie Puttes, so nennen wir die Blutwurst, oder Sauerbraten mit Rotkohl und Klößen. Sauerbraten wird in Aachen selbstverständlich mit einer Printensoße serviert.

Eine Gaststätte gibt es jedoch erst seit 100 Jahren hier. Davor war der „Postwagen" ein Geschäft. Damals nannte man das Haus „Haus Eulenspiegel". Das hat mit einem besonders cleveren Buchhändler zu tun. Hier ist seine Geschichte:

Im heutigen Haus „Postwagen" wohnte vor etwas mehr als 200 Jahren die Familie Freialdenhoven. Es waren Vater, Mutter und drei Kinder. Wenn man sich das Haus heute anschaut, kann man gut erkennen, wie eng es damals für eine Familie gewesen sein muss. Herr Freialdenhoven hatte im Erdgeschoss einen Buchladen, seine Frau verkaufte in einem kleinen Raum nebenan alles, was man zum Nähen brauchte. Die Geschäfte gingen gut, weil der Vater ein schlauer Kerl war.

Eigentlich hatte er schlechte Voraussetzungen für einen Buchhändler, denn er konnte weder lesen noch schreiben.

Wenn also jemand in seinen Laden kam und wissen wollte, was in den Büchern stand, dann pflegte er die Bücher aufzuschlagen und begann, daraus „vorzulesen". Wenn der Kunde das Buch kaufte, fand er die Geschichte jedoch niemals wieder. Die hatte sich Herr Freialdenhoven einfach ausgedacht. Den Preis legte er nach einer ganz einfachen Methode fest. Er hat die Bücher auf eine Waage gelegt und nach Gewicht verkauft. Dieses schlaue Vorgehen brachte ihm den Spitznamen „Eulenspiegel" ein.

Heute kannst du am gegenüberliegenden Haus die Eulen mit den Spiegeln noch erkennen. Den Spitznamen hat eine spätere Mieterin einfach mit auf die andere Straßenseite genommen. Deshalb heißt das Teegeschäft heute „Haus Eulenspiegel".

Eulen und Spiegel am Haus Eulenspiegel gegenüber vom Postwagen

20

Brunnen der „sieben freien Künste"
(Otto Hollmann, 1969)

Die achte Platte stellt die Kaiserpfalz dar

Wusstest du, dass im Karlshof auch ein Brunnen steht? Er ist leider nicht so bekannt, aber er erzählt uns von Kaiser Karls Hofschule.

Schaue genau hin, dann siehst du, dass auf den großen Platten Wissenschaften dargestellt sind. Diese Wissenschaften werden die „sieben freien Künste" genannt. Es sind, grob gesagt, die Schulfächer, in denen die römischen Kinder schon vor fast 2.000 Jahren unterrichtet wurden. Also, wenn sie diese Künste beherrschten, dann hatten die kleinen Römer das damalige Abitur!

Kaiser Karl führte in seinem Leben viele Kriege. Er war aber auch ein Herrscher, der viel Wert auf Bildung legte. Also gründete er hier in Aachen eine Hofschule. Diese Schule war ein Treffpunkt für viele Wissenschaftler seiner Zeit. Geleitet wurde sie von Alkuin von York. Ihn hatte Kaiser Karl aus England nach Aachen geholt.

Aber nicht nur Wissenschaftler lernten und lehrten an der Hofschule. Auch Kaiser Karls Kinder wurden hier erzogen. Wir kennen heute 18 Kinder, davon waren 13 Mädchen. Auch sie durften die Hofschule besuchen. Man

Die Kinder von Kaiser Karl mussten auch Latein lernen. Damals waren fast alle Bücher in Latein geschrieben.

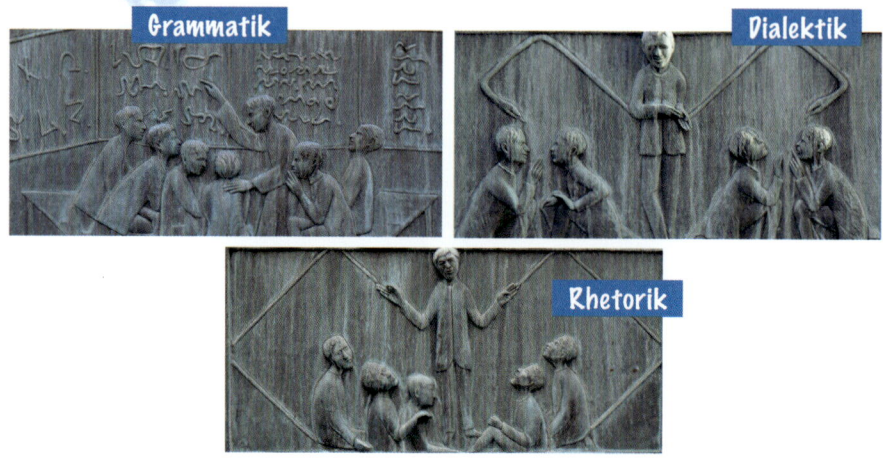

glaubt heute immer, dass Frauen damals dumm und ungebildet waren. Das stimmt nicht wirklich. Prinzessinnen mussten auf ihre Rolle als Frauen von Königen und Fürsten ganz besonders vorbereitet sein.

Wenn Karl zum Beispiel im Krieg war, dann musste seine Frau ihn vertreten können. Dafür brauchte sie Bildung. Karls Frauen mussten sich außerdem um den Königshof kümmern. Da dieser Hof nicht immer an einem Ort blieb, sondern dauernd unterwegs, also „auf Reisen", war, gab es einiges zu organisieren. Außerdem verwalteten die Königinnen das Geld und die Güter des Königs. Das war schon ein verantwortungsvoller Job.

Das Trivium

Man erlernte zunächst drei Fächer: die Grammatik, die Rhetorik und die Dialektik. Grammatik ist eigentlich klar, damit kann man korrekt Sätze bilden. Die Rhetorik ist die Kunst des Vortragens. Es gibt Leute, die sprechen über etwas Interessantes, aber es langweilt die Leute trotzdem, weil sie es nicht spannend erzählen. Die Dialektik ist eine Kunst der Gesprächsführung. Damit denkt man über Probleme auf verschiedene Weise nach.

Ein Beispiel: Wenn du dir ein Eis kaufen möchtest, kannst du darüber nachdenken, ob es sich lohnt, gerade jetzt und hier dein Taschengeld dafür auszugeben. Vielleicht bist du gerade ohnehin satt, oder du hattest schon Schokolade, oder du wolltest das Geld für etwas anderes sparen, oder es ist gerade nicht deine Lieblingseisdiele in der Nähe, oder es ist heute kalt oder, oder, oder.

Siehst du, so denkt man dialektisch. Wenn man diese drei Fächer gelernt hatte, konnte man also mit der Sprache umgehen. Die drei Fächer nennt man das Trivium, das kommt vom lateinischen Wort für „drei". Vielleicht kennst du den Ausdruck: trivial. Mit dem Trivium fehlte noch die Substanz.

Das Quadrivium

Jetzt brauchte man noch die Bildung: Dazu lernten die Kinder Arithmetik, also Rechnen, Geometrie, die Formenlehre und ihre Berechnung, die Astronomie, also die Sternenkunde und die Musik. Vier Fächer, also Quadrivium für „vier". Die Kinder von Kaiser Karl mussten natürlich auch Latein lernen. Damals waren fast alle Bücher in Latein geschrieben.

Die letzte Platte am Brunnen zeigt Krone, Achteck und Schwert. Sie stellt Kaiser Karls Aachener Pfalz dar. Sie war die wichtigste und größte Residenz, die er besaß (dazu findest du etwas mehr in Kap. 22).

Musik · Astronomie · Arithmetik · Geometrie

21

Der Hühnerdieb

(Joachim Pagels, 1913, Kopie 1950, wiedererrichtet 1953)

Zum Hühnerdieb

Den Hühnerdieb habe ich besonders in mein Herz geschlossen. Diesen witzigen Brunnen haben die Aachener Bürger von ihrem Oberbürgermeister Philipp Veltman vor mehr als 100 Jahren, 1913, zu Weihnachten geschenkt bekommen. Der Brunnen wurde am ersten Weihnachtstag enthüllt.

Die Brunnenfigur ist ein lustiger Mann, der eine Hühnerfeder am Hut trägt. Schaue ihn dir genau an, dann siehst du, was auf dem Brunnen passiert. Der Dieb will gerade ein Hühnchen in seine vordere Tasche stecken. Siehst du, er hat den Vogel am Hals gepackt. Im selben Moment jedoch kräht aus seiner hinteren Tasche ein Hahn heraus. Den hatte er wohl vorher schon gestohlen. Das laute „Kikeriki" des Hahns verrät den Dieb. Er wird sofort verhaftet.

Früher soll an dieser Stelle der Stadt ein Geflügelmarkt gewesen sein. Deshalb heißt der Platz auch Hühnermarkt. Mit Lebensmitteldieben hatten die Menschen früher kein großes Mitleid. Sie wurden in der Regel hart bestraft und mussten sogar ins Gefängnis. Kein Wunder also, dass der Hühnerdieb sehr erschrocken aussieht.

Unter der Figur siehst du einen Kranz von Küken. Der ist noch original von 1913 erhalten geblieben. Der Dieb selbst musste noch einmal neu gemacht werden. Das kam so:

> Mit Lebensmitteldieben hatten die Menschen früher kein großes Mitleid. Sie wurden in der Regel hart bestraft und mussten sogar ins Gefängnis.

Vor über 80 Jahren gab es einen schrecklichen Krieg, den Zweiten Weltkrieg. In diesem Krieg hat man viele Brunnenfiguren eingeschmolzen, weil man ihr Metall für Waffen und Munition brauchte. So wurde auch der erste Hühnerdieb eingeschmolzen. Nach dem Krieg war auch in Aachen vieles zerstört. Aber die Aachener wollten unbedingt wieder ihren Hühnerdieb zurückhaben.

Also hat man Joachim Pagels angerufen, denn das war der Künstler, der die Figur geschaffen hat. Kaum zu glauben, aber Herr Pagels ist ein ordentlicher Mensch gewesen. Er hatte die Gussform des ersten Hühnerdiebs 40 Jahre lang aufgehoben. So konnte einfach ein zweiter Abguss gemacht werden und die Aachener bekamen ihren Lieblingsbrunnen so zurück, wie er immer auf dem Hühnermarkt gestanden hatte.

Du siehst, die besten Geschichten schreibt das wahre Leben.

Der Hühnerdieb - unten siehst du den Kranz mit den Küken.

22

Der Katschhof

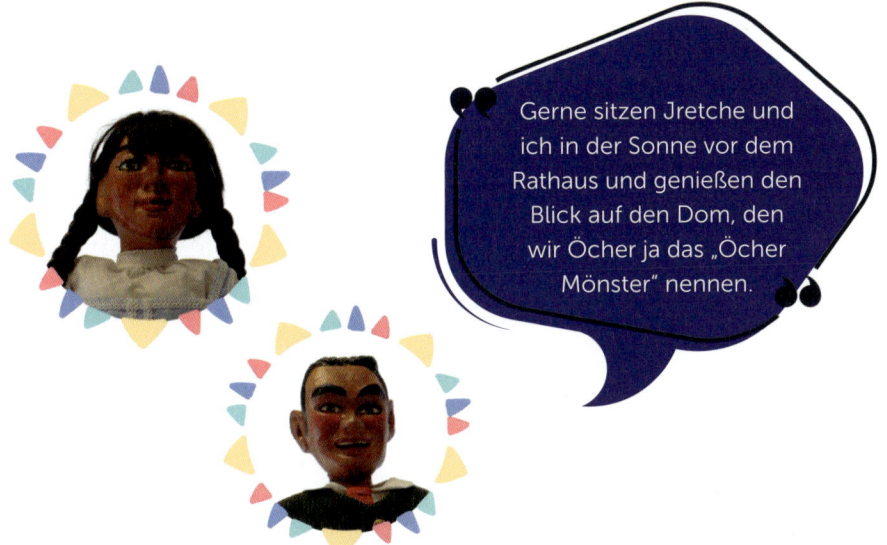

Gerne sitzen Jretche und ich in der Sonne vor dem Rathaus und genießen den Blick auf den Dom, den wir Öcher ja das „Öcher Mönster" nennen.

Der Katschhof ist mein Lieblingsplatz in Aachen. Gerne sitzen Jretche und ich in der Sonne vor dem Rathaus und genießen den Blick auf den Dom, den wir Öcher ja das „Öcher Mönster" nennen.

Kaum zu glauben, aber der Katschhof ist sogar mal ein großer Parkplatz gewesen. Man konnte hier janz für ömmesöns, das heißt kostenlos, parken. Heute kaum noch vorstellbar. Der Platz hatte auch schon mal mehr

Häuser und es querte ihn eine Straße. Auch das können wir uns heute kaum noch vorstellen.

Wenn du dich heute auf den Platz stellst, dann stehst du im Mittelpunkt der Stadt.

Deshalb ist es gut, dass er heute so leer ist. Du kannst nämlich genau erkennen, dass sich Dom und Rathaus gegenüberstehen. Beide Bauwerke standen hier schon zur Zeit von Kaiser Karl. Damals, also vor 1.200 Jahren, ist der Grundstein für das moderne Aachen gelegt worden. Rund um Kaiser Karls Pfalzanlage hat sich die Altstadt entwickelt.

Ich stelle es mir so vor: Karl der Große kannte Aachen als Ort mit heißen Quellen. Es ist bekannt, dass schon sein Vater und Großvater in dem Wasser gebadet haben. Dabei nutzten sie die alten römischen Bäder, soweit diese noch erhalten waren. Du musst dir vorstellen, dass die Römerzeit schon einige hundert Jahre vorbei war.

Sicht auf den Dom vom Katschhof aus

Karl war der mächtigste Mann in Europa. Er hatte keine Hauptstadt, reiste ständig von Ort zu Ort und seine Winterquartiere, die man Pfalzen nannte, waren aus Holz gebaut.

Das sollte sich ändern. Auch Kaiser Karl wollte einen Ort schaffen, an dem er seine Macht zur Schau stellen konnte. Ein Ort mit spektakulären Gebäuden, die aller Welt zeigten, wie mächtig der Herrscher der Franken ist.

Weshalb er sich als Bauplatz Aachen aussuchte, ist nicht sicher. Das warme Wasser hat wahrscheinlich eine wichtige Rolle gespielt.

Karl ließ also zuerst einmal eine Königshalle bauen. Da steht heute das Rathaus. Eine Halle war etwas einfacher zu konstruieren. Es gab mit Sicherheit auch keine Experten für Steinbauten in Aachen und Umgebung. Die Leute wohnten alle in Holzhäusern und in den Resten der römischen Bauten. Also musste man den Arbeitern beibringen, wie man mit Stein baut.

Als Karl der Große das Reich übernahm, besuchte er Rom. Das ist heute die Hauptstadt von Italien. Dort traf Karl den Papst, der in einem ziemlich protzigen Palast lebte. Stelle dir vor:

Die Arbeiten begannen tatsächlich mit dem Granusturm, dem viereckigen Turm vom Rathaus. Daran schloss man die damals größte Halle des Frankenreichs an. Gewohnt hat Karl darin nicht. Sein Wohnhaus war wahrscheinlich aus Holz mit einer steinernen Basis. Deshalb wissen wir bis heute nicht, wo es in Aachen stand.

Für den Bau der Kirche holte sich Karl einen bekannten Baumeister aus dem heutigen Frankreich nach Aachen. Er wird Odo von Metz genannt. Odo konstruierte eine achteckige Kirche mit einer Kuppel. Das war damals sensationell. Damit Kaiser Karl nicht nass wurde, wenn er von seiner Königshalle zum Eingang der Kirche wollte, wurden beide Bauwerke mit einem steinernen Gang verbunden.

Jetzt schaue dir den Katschhof genau an. Mit ein bisschen Fantasie kannst du die alte Pfalz heute noch gut erkennen. Der Dom mit seinem Achteck, dem Oktogon, in der Mitte, das Rathaus, das auf der Basis der Halle gebaut ist. Verbunden werden beide Gebäude heute mit verschiedenen Gebäuden, die wie ein Gang zusammenhängen. Das sind das Museum „Centre Charlemagne", die Domsing-schule und die alte Klostermauer. Wenn du sie genau betrachtest, erkennst du sehr alte Mauern. Tatsächlich stammen die noch von dem alten Gang. Ich weiß, dass zwischen den Gebäuden eine Lücke ist. Die kleine Ritter-Chorus-Straße unterbricht die Bebauung. Tatsächlich gab es dort schon sehr früh ein Tor.

Der heutige Katschhof war also so etwas wie der Palasthof von Kaiser Karl. Damals war er übrigens nicht leer wie heute. Wir wissen, dass hier eine Schmelzanlage für Metall stand.

Alle Schmuckgitter und die Türen vom Dom sind hier gegossen worden. Ich will eigentlich nicht wissen, wie das wohl gestunken hat.

Katschhof – Herkunft des Namens

Der Name Katschhof ist neu. Er erinnert an den Pranger, an dem man bis vor 150 Jahren die verurteilten Verbrecher öffentlich zur Schau stellte. In Aachen wurde zu dem Zweck ein Schandpfahl errichtet. An ihm war eine Kette mit einem Ring für den Hals befestigt. Wenn

Wenn mehrere Böse-
wichte verurteilt waren,
baute man einfach ein
Schandgerüst.

mehrere Bösewichte verurteilt waren, baute man einfach ein Schandgerüst.

Woher der Name Katsch kommt, ist nicht ganz klar. Die Niederländer sagen „Kaak" zum Schandpfahl. Es kann aber auch von „kaschen", dem rheinischen Wort für „gefangen nehmen", kommen. Das kennst du bestimmt. Wenn man jemanden gefangen hat, hat man ihn „gekascht".

Heute finden auf dem Katschhof viele schöne Veranstaltungen statt. Konzerte, Feste, der Weihnachtsmarkt, und natürlich steht hier auch das Riesenrad im September. Ich wollte Jretche immer mal einladen, mit mir zu fahren und über Aachen zu schauen. Sie hat mir aber erklärt, es sei ihr zu langsam. Von wegen, es ist ihr in Wahrheit zu hoch!

Der Begriff „Katsch"

Das Wort „Katsch" kann von „kaschen" für „fangen" abgeleitet werden. Man kennt es schon lange im deutschen Sprachgebrauch. Es kann auch von Kaschott kommen. Damit war früher ein Vogelkäfig gemeint. Und ein solcher stand schon vor 500 Jahren hier.

Das wissen wir von einer Zeichnung, die Albrecht Dürer gemacht hat. Man brauchte das Wort auch für Kerker. Das ist nicht so weit hergeholt, denn am Katschhof war früher ein Gericht mit Zellen für das Untersuchungsgefängnis untergebracht.

23

Der Puppenbrunnen

(Bonifatius Stirnberg, 1975)

Mein absoluter Lieblingsbrunnen ist der Puppenbrunnen. Ist eigentlich normal, da ich ja selbst auch eine Puppe bin. Die Figuren sind alle beweglich, und es macht Spaß, mit ihnen zu spielen. So verändert der Puppenbrunnen ständig sein Aussehen.

Die Puppen sind nicht zufällig gewählt, jede Figur hat eine Bedeutung für unsere Stadt. Schaue genau hin, dann siehst du, dass der Brunnen aus zwei unterschiedlich großen Kesseln besteht. Sie erinnern an Kessel, wie sie früher für das Färben von Stoffen oder das Gerben von Leder verwendet wurden. Gleichzeitig hatte Aachen zwei Stadtmauern.

Die Textilproduktion war für unsere Region über viele Jahrhunderte sehr wichtig. Viele Menschen fanden hier Arbeit. Bevor Maschinen erfunden wurden, stand in fast jedem Aachener Haus ein Webstuhl. Deshalb trägt eine Puppe ein besonders schönes Kleid. Sie wird das „**Rüschemamm-sellchen**" genannt und steht für die Tuchindustrie.

Das Rüschemamsellchen steht für die frühere Tuchindustrie in Aachen.

Der Domherr

Die Marktfrau

Neben ihr siehst du einen Pastor. Als **Domherr** erinnert er an den Aachener Dom. Dann kommt eine besonders nette Dame. Sie trägt Holzpantinen und einen geflochtenen Hut, er heißt „Schute". Diese Dame sieht meiner Tant Hazzor sehr ähnlich. Sie ist auch eine **Marktfrau** und repräsentiert am Brunnen den Handel.

An einer Stange hängen ziemlich hässliche Fratzen. Es sind die **Masken**, und sie stehen für den Karneval, „dr Öcher Fasteleer oder Fastelovend".

Darüber ist ein sehr lustiges **Pferd**. Es lacht vor Freude auf das nächste Reitturnier. Das Aachener Reitturnier ist das größte seiner Art in der Welt. Jedes Jahr kommen die besten Turnierreiterinnen und -reiter der Welt, um hier zu starten. Das Turniergelände ist an der Krefelder Straße gleich neben dem Stadion von Alemannia Aachen, dem Tivoli (Näheres findest du in Kap. 2).

Auf dem Pferd sitzt ein Reiter in einer Uniform, wie sie vor 200 Jahren modern war. Nur sein Helm ist älter. So eine Kopfbedeckung trugen schon die römischen Legionäre.

Die Masken am Brunnen stehen für den Karneval.

Pferd und Reiter stehen für das berühmte Aachener Reitturnier CHIO.

Schängche begrüßt die Puppen am Puppenbrunnen.

Der **Harlekin** repräsentiert Kunst, Kultur und Theater. Es waren Gaukler wie er, die auf den Märkten früher die Leute mit ihren Späßen unterhielten.

Der Harlekin

Orden Wider den Tierischen Ernst

Im Öcher Fastelovvend gibt es eine ganz besondere Auszeichnung. Es ist der Orden „Wider den Tierischen Ernst". Er wird vom Aachener Karnevalsverein – kurz AKV – verliehen. Tierisch ernst ist jemand, der nicht sehr humorvoll ist und wenig lacht. Dagegen soll der Orden ein Zeichen setzen.

Deshalb wird er meist an prominente Menschen verliehen, die im Leben und im Beruf fröhlich sind und das Herz am rechten Fleck haben. Unter den Preisträgern sind Menschen aus der Politik, aus der Wirtschaft, aus der Kultur, aber auch Würdenträger aus der Kirche. Die Ordensverleihung wird schon seit Jahrzehnten im Fernsehen übertragen.

Der Professor

schule, die FH Aachen. Nicht so groß sind die Katholische Fachhochschule und die Musikhochschule.

Ganz weit oben auf dem Brunnen kräht ein **Hahn**. Er weckt die Stadt.

Schängche pratschjeck

Natürlich bin ich auch ein echter Fastelovvendsjeck. Mit den großen Prinzen und mit den Märchenprinzen ziehe ich Jahr für Jahr durch die Säle. Ich bin dann Mitglied im Hofstaat.

Dann fehlt nur noch der **Professor**. Aachen ist eine Hochschulstadt. Unsere größte Universität ist die Rheinisch-Westfälische Technische Hochschule, kurz RWTH. Hier studieren, unterrichten und forschen Menschen aus der ganzen Welt. Eine zweite Aachener Universität ist die Fachhoch-

Meist werde ich sogar mit meinem eigenen Karnevalslied begrüßt. Dann singt der ganze Saal:

Wenn du mit dem Handy den QR-Code scannst, kannst du das Lied hören.

138

Liedtext

Alaaf et Öcher Schängche
Dat wenkt os met et Hängche,
än jett et jett zu konkele,
dann spoit heä ejjeen Häng
alaaf der Öcher Schäng!
Alaaf das Öcher Schängchen
Das winkt euch mit dem Händchen,
und wenn es was zu klöppen gibt,
dann spuckt es in die Hände
Alaaf der Öcher Schäng!

Lied
Scan mich

Der Portikus am Hof

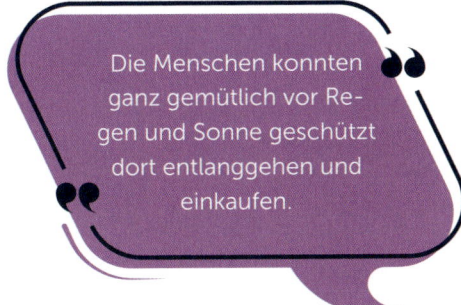

Die Menschen konnten ganz gemütlich vor Regen und Sonne geschützt dort entlanggehen und einkaufen.

Am Hof siehst du einen sehr alten Bogen mit Säulen. Er heißt der Portikus, das bedeutet Säulenhalle. Man hat ihn vor einigen Jahrzehnten bei Bauarbeiten vor dem Haus mit der Nummer 14 gefunden. Als der Platz fertiggestellt war, hat man die Säulen und Bögen zur Erinnerung an die Römerzeit hier wieder aufgestellt.

Na ja, wenn ich ehrlich bin, dann sind die Steine nachgemacht, man nennt das kopiert. Die Originale sind leider heute nicht mehr in Aachen. Sie sind in einem Museum für alte Geschichte in Bonn. Dort werden sie sicher verwahrt.

Lange Zeit wusste niemand so recht, zu welchem Gebäude die Säulen und Bögen einst gehört haben. Das Geheimnis konnte erst vor wenigen Jahren gelüftet werden. Die Säulen gehörten nicht zu einem einzigen Gebäude, sie verzierten einen riesigen Platz. Wenn wir uns das römische Aachen mit seinen beiden Bädern vorstellen, dann lag der Platz in ihrer Mitte. Den darfst du dir wie einen zentralen Marktplatz vorstellen. Die Römer nannten ihn „Forum". Rundherum gab es Geschäfte und auch Restaurants, und davor waren die Säulen aufgestellt.

Solche Säulengänge nennt man Arkaden. Die Menschen konnten ganz gemütlich vor Regen und Sonne geschützt dort entlanggehen und einkaufen. Also eigentlich so, wie man das heute auch noch macht. Da, wo heute das Kaffeegeschäft ist, haben die Archäologen übrigens Hinweise auf einen Schnellimbiss gefunden. Es war bei den Römern üblich, dass man warmes Essen an den Straßenecken kaufte. Ob es wohl schon Fritten gab?

25

Das Printenmädchen

(Hubert Löneke, 1985)

Das Printenmädchen erinnert mich immer ein wenig an meine Freundin Jretche. Die hat auch so lustige Zöpfe. Das kleine Mädchen an der Körbergasse trägt ein Kittelkleid mit Rüschen, wie sie vor über 100 Jahren Mode waren. Der Bildhauer, so nennt man einen Künstler, der Figuren macht, hat ihr einen großen Printenmann in die Hände gegeben. Den zeigt sie stolz allen Leuten, die an ihr vorbeilaufen.

Die kleine Printenmamsell (so sagt der Aachener zu „mademoiselle", das ist Französisch und bedeutet „Fräulein") ist bei den Öchern sehr beliebt. Sie erinnert uns daran, wie beliebt die Aachener Printen sind. Printen zu backen, ist ziemlich schwierig, Du kannst es selbst probieren. Das Rezept findest du in diesem Kapitel.

Vorsicht: Printen sind hart, wenn sie frisch sind. Das liegt am vielen Zucker.

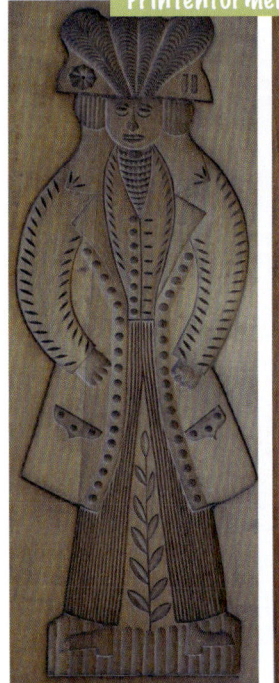

Die Printe ist ein Gebildgebäck. Das heißt, man drückt den Teig in Holzformen. Sie werden „Modeln" genannt. Aus ihnen formt man das Gebild. Es gibt Formen für Kaiser Karl, für Frauen und Männer, aber auch für Osterkörbchen. Die Printen wurden meist als Leckerei an wichtigen Feiertagen gebacken, denn ihre Zutaten waren schon immer sehr teuer.

Printenformen aus Holz

Tant Hazzor

143

Das Printenmädchen vor dem
Café Van den Daele

Die Karlsprinte

Die ersten Printenformen waren aus Metall. Die haben wahrscheinlich schon vor 400 Jahren Metallarbeiter nach Aachen gebracht. Es waren Männer aus der belgischen Stadt Dinant. Dort stellt man auch ein Gebildgebäck her. Es hat nur ein anderes Rezept. Die Arbeiter kamen eigent-

lich nach Aachen, um die Karlsfigur für den Marktbrunnen zu liefern. Die hatte man in Dinant gießen lassen.

Wie lange die Aachener Bäcker schon Printen backen, weiß man nicht genau und wenn man etwas nicht genau weiß, dann erzählt man eine Le-

> Schon zur Zeit Kaiser Karls des Großen war am kaiserlichen Hof in Aachen ein besonderes Lebkuchengebäck gegessen worden.

gende, in der dann die Wahrheit mit der Fantasie eng verbunden wird.

Hier also die Geschichte von der Aachener Printe:

1656, also vor etwa 370 Jahren ist unsere schöne Stadt Aachen zum ersten Mal in ihrer Geschichte vollständig zerstört worden. Bei Bäckermeister Mauw in der Jakobstraße war ein Feuer ausgebrochen, das drei Tage lang wüten sollte. Häuser, Kirchen und Klöster, die ganze Stadt wurde zerstört.

Sie wieder aufzubauen, sollte sehr viel Geld kosten. Die Bäckermeister hatten eine Idee für eine neue Einnahmequelle. Schon zur Zeit Kaiser Karls des

Großen war am kaiserlichen Hof in Aachen ein besonderes Lebkuchengebäck gegessen worden. Das Rezept hatte Karl von Harun al-Raschid, dem Kalifen von Bagdad, bekommen, und man hatte es ihm sogar mit ins Grab gegeben. Ein solches Gebäck wäre die Rettung.

Nur, des Kaisers Grab war schon lange verschollen. So mussten die Aachener den Teufel um Hilfe bitten, denn nur er kannte den Zugang. Der Teufel erklärte sich bereit, mit einem Bäckerjungen zu Kaiser Karl in die Gruft zu steigen. Zur Belohnung für seine Dienste verlangte er aber den Schlüssel zur Domschatzkammer.

Die Bäcker hatten keine andere Wahl. Sie ließen sich auf den Handel ein. Der Bäckerjunge stieg also in das Grab, wo er den toten Kaiser auf einem Thron sitzend vorfand. Er schilderte Kaiser Karl die Not in Aachen. Das Wunder geschah. Der Tote rückte das Rezept heraus, um seine Lieblingsstadt zu retten. Der Bäckerlehrling machte sich schnell auf in die Backstube seines Meisters. So begann die Produktion der ersten Aachener Printen.

Eines Tages jedoch erschien der Teufel, um seinen Lohn abzuholen. Der schlaue Bäckerjunge dachte jedoch nicht daran, dem Teufel den Schlüssel zum Domschatz zu überlassen. Scheinbar freundlich bot er ihm ein Blech voll mit warmen, duftenden Printen an. In seiner Gier fraß der Teufel alle Printen auf einmal. Sogar das Backblech steckte er in sein grässliches Maul.

Davon bekam er so höllische Magenschmerzen und Durchfall, dass er fluchend zurück in die Hölle fuhr. Den Schlüssel zur Schatzkammer hatte er darüber völlig vergessen.

Heute sind die Aachener Printen weit über die Stadtgrenzen hinaus bekannt und beliebt.

Aachener Printen sind weit über Aachen hinaus bekannt.

Printen kann man auch zu Hause backen. Ich habe meinen Freund, den Aachener Bäckermeister Michael Nobis, nach dem Rezept gefragt

Zutaten

400 g Zuckerrübensirup
30 ml Wasser
85 g Farinzucker
125 g Kandiszucker
500 g Mehl
15 g Orangeat
5 g Natron
Printengewürze (bestehend aus **10 g** Anis,
je **5 g** Koriander und Zimt – jeweils gemahlen,
je **2 g** Piment, Nelke, Kardamom und Muskat –
jeweils gemahlen)
5 g Pottasche

Zubereitung:

1. Zuckerrübensirup mit 20 Milliliter Wasser im Topf erhitzen.

2. Den Topf vom Herd nehmen und Farinzucker, Kandiszucker, Mehl, Orangeat, Natron sowie die Printengewürze dazugegeben und verkneten.

3. Die Pottasche fein zerstoßen und – im restlichen Wasser aufgelöst – dem Teig beigeben.

4. Den Teig mit dem Rollholz circa fünf Millimeter dick ausrollen, ausstechen und auf ein gefettetes, mit Wasser besprritztes Blech legen.

5. Die Printen im vorgeheizten Backofen bei 180 Grad Celsius circa 18 Minuten backen.

Tipp

Die Printen vor dem Backen mit Mandeln, Nüssen oder halbierten, kandierten Kirschen veredeln. Alternativ nach dem Auskühlen mit dunkler Schokolade (am besten 70 % Kakaoanteil) überziehen.

26

Das Bahkauv

(Wolf von Borries, 1967)

Hast du dich nicht schon mal gefragt, weshalb hier am Büchel so ein schreckliches Untier auf den Resten eines Baums thront? Die riesigen Zähne und der schuppige Körper sehen echt zum Fürchten aus. Ein Glück, dass ich, das Öcher Schängche, keine Angst vor dem Teufel habe, also fürchte ich mich auch nicht vor dem Bahkauv, denn so heißt das Ungeheuer.

Das Bahkauv heißt auf Hochdeutsch „Bachkalb". Der Legende nach lebt es tief unten in den Abflüssen der Kaiserquelle. Die hat ihren Quellpunkt gleich nebenan unter dem modernen dreieckigen Gebäude, dem Kaiserbad. Das Wasser kannst du am Elisenbrunnen probieren. Falls es dir nicht zu heiß ist oder zu sehr stinkt.

Das Bahkauv ist sehr alt. Früher haben sich die Leute vorgestellt, dass es den Kopf von einem Stier und den Körper von einem Drachen hat. Der Stierkopf erinnert an die Zeit der römischen Siedler. Sie verehrten einen Gott des heilenden Wassers. Sein Name war Granus, weshalb man Aachen auch „An den Wassern von Granus", also in lateinischer Sprache „Aquis Granni" nannte. Granus wurde mit einem Stierkopf dargestellt.

Die erste Geschichte vom Bahkauv spielt zu einer Zeit, als Aachen noch für Jagdausflüge genutzt wurde. Damals badete auch Kaiser Karls Vater hier. Sein Name ist König Pippin, genannt der Kurze, manche sagen auch der Kleine. Weshalb man ihn so nennt, ist nicht bekannt.

Früher gab es einen Zählreim: „Karl der Große macht in die Hose, Pippin der Kleine macht sie wieder reine." So weiß man immer, wer der Vater von Kaiser Karl ist.

Also König Pippin badete im Aachener Wasser, als plötzlich das Bahkauv mit lautem Fauchen erschien. Pippin griff zu seinem Schwert und mit einem mächtigen Schwertstreich schlug er dem Bahkauv den grausigen Schwanz ab.

Danach ist das grässliche Untier für Jahrhunderte in den Abflüssen der Quellen verschwunden.

Eines Nachts jedoch passierte Folgendes. Ein Mann ging über den Büchel nach Hause. Er war sehr betrunken. Der Wirt der Gastwirtschaft hatte ihn vor dem Bahkauv gewarnt, aber der Mann nahm ihn nicht ernst. Er hatte getönt: „Das Bahkauv werde ich schon abschütteln!"

Wie er nun nach Hause torkelte, da sprang mit einem Mal das Untier aus den Tiefen der Abflüsse hervor. Aus seinen großen Nasenlöchern kam schwefeliger Rauch. Riesige Tatzen griffen nach dem Mann. Aber das Schlimmste waren seine Augen. Sie glühten wie Feuer.

Erschrocken lief der Mann nach Hause. Zuvor musste er jedoch dem Untier schwören, nie wieder zu viel Alkohol zu trinken. Seitdem sind alle Aachener vor dem Bahkauv gewarnt: Betrunkenen springt es in den Nacken.

Der Bahkauvbrunnen sah früher anders aus als heute. Auf den alten Postkarten siehst du, wie das Untier einen kleinen Jungen erschreckt, der Wasser am Brunnen holen musste. Es gab damals nicht in allen Aachener Häusern Wasserleitungen. Wenn nun die Mütter die Kinder zum Brunnen schickten, dann sollten sie sich beeilen. Damit die Kinder nicht bummelten, sagten die Mütter: „Paas op, dat disch dat Bahkauv nit kritt!" – Also: „Pass auf, dass dich das Bahkauv nicht fängt."

Das Bahkauv am Büchel

Aachen. Der Bakauvbrunnen

Aachen. - Bakauv-Brunnen.

AACHEN. Bakauvbrunnen

Aachen - Bakauvbrunnen

Alte Ansichtskarten von 1905-1920:
Das Bahkauv erschreckt einen kleinen Jungen, der Wasser holen möchte.

27

Die Klenkeskinder

(Hubert Löneke, 1970)

Der Aachener Gruß – der „Klenkes".

Neben dem Glaskubus am Holzgraben steht eine Figurengruppe. Es sind drei Aachener Kinder, die fröhlich ihren kleinen Finger in die Luft halten. Mache es ihnen nach, denn dann zeigst du den Aachener Gruß. Er heißt der „Klenkes".

Wer mit dem kleinen Finger winkt, ist ein Aachener. Es ist unser Erkennungszeichen. Am besten kannst du es ausprobieren, wenn du in einer fremden Stadt bist. Triffst du ein Auto, das aus Aachen kommt, also mit AC-Kennzeichen, dann kannst du mit dem Klenkes winken. So weiß der andere, dass du auch aus Aachen bist.

Woher kommt der Aachener Gruß?

Aus der Nadelindustrie: Über mehrere hundert Jahre war die Aachener Nadelherstellung führend in der Welt. Im Museum am Katschhof, dem „Centre Charlemagne", kannst du noch Musterbücher von Stecknadeln sehen. Sie sind inzwischen 200 Jahre alt.

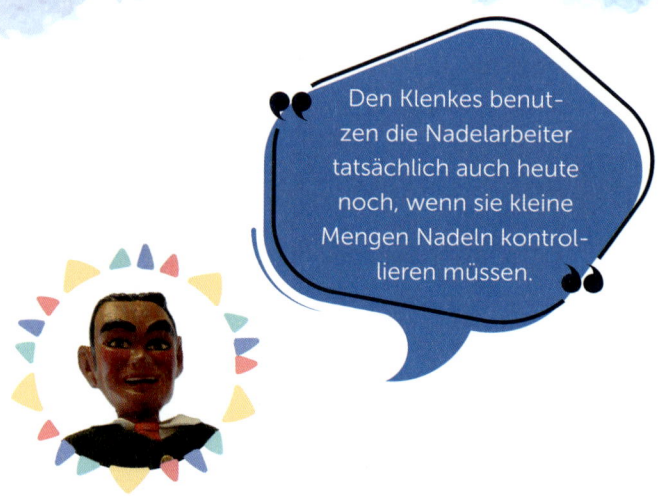

> Den Klenkes benutzen die Nadelarbeiter tatsächlich auch heute noch, wenn sie kleine Mengen Nadeln kontrollieren müssen.

Zuerst hat man die Nadeln mit der Hand gefertigt. Sogar die Löcher, die Öhre, wurden von Hand in die Nadeln geschlagen. Später wurden dann Maschinen eingesetzt. An den Maschinen arbeiteten viele – auch sehr kleine – Kinder, die nicht zur Schule gehen durften.

Die erwachsenen Facharbeiter in den Fabriken übernahmen die Endkontrolle der Nadeln. Sie benutzten den kleinen Finger, um die schiefen Nadeln auszusortieren. Das nannte man „ausklinken". Die Kinder benutzten den kleinen Finger, den „Klenkes", also Klinkefinger, als Gruß. So gaben sie sich auf Aachens Straßen als Nadelarbeiter zu erkennen.

Den Klenkes benutzen die Nadelarbeiter tatsächlich auch heute noch, wenn sie kleine Mengen Nadeln kontrollieren müssen. Im Laufe der Zeit wurde der Gruß der Öcher Pänz (Aachener Kinder) zum Erkennungszeichen der Bürger von Aachen. Nadeln werden hier heute nur noch in ganz kleinen Mengen als Sonderanfertigungen produziert.

28

Wer war Kaiser Karl?

Fragen zu Karl dem Großen

Karl der Große ist bis heute in Aachen sehr bekannt. Das ist erstaunlich, denn er ist schon 1.200 Jahre tot. Warum erinnern wir uns bis heute so gut an ihn?

Man kann sagen, er hat Aachen, so, wie wir es heute kennen, gegründet. Die Altstadt ist rund um den Dom und das Rathaus entstanden. Beide Gebäude wurden im Auftrag von Kaiser Karl gebaut. Er wollte in Aachen eine feste Residenz haben und hat hier auch gewohnt.

Als er schon sehr alt war, hat er die Aachener Residenz, man nennt sie Pfalz, nicht mehr verlassen. Er wurde ein echter Öcher. Deshalb erinnern wir uns bis heute an ihn. Im Dom finden wir seinen Karlsschrein. Es ist ein großer goldener Kasten. Darin ruhen seine Gebeine, das sind die Überreste von seinen Knochen.

Wann und wo ist Karl der Große geboren?

Leider weiß man das nicht so genau. Es gibt Wissenschaftler für Geschichte, sie heißen Historiker, die versuchen, das Geheimnis zu knacken. Keinem ist es bisher sicher gelungen. Die neueste Forschung nennt den 2. April 748. Als Geburtsort nimmt man eine Pfalz in der Nähe von Compiègne an. Das liegt im Norden von Frankreich.

Wer waren Karls Eltern?

Karls Eltern waren Pippin der Jüngere oder der Kurze und Bertrada mit dem großen Fuß. Das sind lustige Namen. Pippin kam aus einer sehr alten adligen Familie, in der viele Jungen so hießen. Deshalb nannte man die Familie auch die Pippiniden. Erst später wurden daraus nach Kaiser Karls Großvater „Karl Martell" – der Hammer – die Karolinger.

Karls Mutter soll unterschiedlich große Füße gehabt haben. Deshalb der seltsame Beiname. Karl hatte noch einen Bruder, Karlmann, und eine Schwester. Sie hieß Gisela. Als Karl drei Jahre alt war, wurde sein Vater König der Franken.

Die Familie reiste ständig durch das Reich. Überall, wo der König gebraucht wurde, musste er persönlich erscheinen. Das nennt man heute Reisekönig. Auch Kaiser Karl hat als Reisekönig gelebt und geherrscht.

Wann wurde Karl König?

Als sein Vater gestorben war, wurde Karl König. Das war im Jahr 768. Die ersten drei Jahre musste er sich den Thron mit seinem Bruder teilen. Nach dessen Tod jedoch übernahm Karl die alleinige Macht. Das Reich, das er geerbt hatte, war damals schon sehr groß.

Unter seiner Herrschaft eroberten die Franken noch viele weitere Gebiete, sodass sein Reich schließlich doppelt so groß wurde. Es erstreckte sich über fast ganz Westeuropa. Deshalb nennt man Karl auch den „Vater Europas".

Der Krieg war das eigentliche Geschäft der Herrscher damals. Karl war mutig und ein geschickter Feldherr. Er konnte jedoch auch sehr grausam sein. Die Menschen haben vor ihm gezittert.

Das riesige Reich von Karl dem Großen

Denar-Münzen – damit bezahlte man im Reich von Kaiser Karl.

Wie viele Kriege führte Kaiser Karl?

Er hat 46 Jahre lang geherrscht und immer Kriege geführt. Das ist sehr viel. Es gab nur drei Jahre, in denen er nicht ins Feld ziehen musste. Den längsten

Krieg führte er gegen das Volk der Sachsen, die damals im Nordosten des heutigen Deutschlands lebten. Insgesamt 32 Jahre lang haben sie sich gegen die Franken und die Herrschaft von Karl gewehrt. Zu ihnen war Karl besonders grausam. Das nimmt man ihm bis heute sehr übel. In seinen letzten Lebensjahren ist Karl selbst nicht mehr in den Krieg gezogen. Das hat er seinen Söhnen überlassen.

Hat sich Karl auch um andere Dinge gekümmert?

Da kann man sagen: ja. Karl hat tatsächlich den Grundstein für das Leben im Mittelalter gelegt. Er war ein großer Veränderer, das nennt man Reformer. Manches kommt uns heute gar nicht so bedeutend vor. Karl hat den Handel revolutioniert, indem er für das ganze Reich dieselben Maße und Gewichte, sowie ein einheitliches Geld, den karolingischen Denar, einführte. Außerdem hat er sein riesiges Reich in Grafschaften unterteilt und ihm eine erste Form der Verwaltung gegeben.

Er hat eine einheitliche Schrift für alle eingeführt, damit man im ganzen Reich die Texte lesen konnte, gleichgültig, wo sie geschrieben worden waren. Die Schrift heißt Minuskel. Sie ist bis heute die Basis unserer Buchstaben.

War Karl religiös?

Ja, Karls Religion war das Christentum. Diese Religion war Staatsreligion und nicht verhandelbar. Das war einer der Gründe für den langen Krieg mit den Sachsen. Sie wollten keine Christen werden. Die Kirche hatte jedoch nicht so viel Macht wie in späteren Jahrhunderten, weil Karl der oberste Machthaber im Reich war. Der Papst stand unter seinem Schutz. Auch durfte Karl Bischöfe ernennen. Das passte dem Papst natürlich nicht in den Kram. So gab es immer wieder Streit.

Hatte Karl Kunst am Hof?

Ja, das Wertvollste war sicher seine Bibliothek. Die Bücher waren enorm teuer, so ungefähr ab 5.000 Euro aufwärts. Ein religiöses Buch mit den Texten der vier Evangelien konnte leicht so viel kosten wie heute ein Ferrari. Sie waren aufwendig bemalt und manchmal sogar mit goldener Tinte geschrieben.

Da man kein Papier kannte, wurden die Bücher auf Pergament geschrieben. Das wurde aus Ziegenhaut gemacht. Er hat jedoch nicht nur religiöse Schriften verfassen lassen. An seinem Hof wurden auch Texte aus der Antike, also von den Römern und den Griechen, kopiert. Dadurch blieben sie bis heute erhalten.

Wieso kam Karl nach Aachen?

Karl kannte sich in unserer Gegend gut aus. Schon sein Vater und auch sein Großvater Karl Martell – das heißt der Hammer – haben in den Wäldern rund um Aachen gejagt und im Aachener Wasser gerne gebadet. Die Jagd war übrigens ein gutes Training für die Kriege. Denn Karl zog selbst in die Schlacht.

Wir glauben heute, dass es das warme Wasser war, das den Ausschlag gab. Jagdrevier mit heißen Quellen, das war super. Außerdem lag Aachen sehr sicher vor Überfällen in der Mitte des Reiches. Die Gefahr von feindlichen Angriffen war hier nicht sehr hoch.

War Karl verheiratet?

Karl hatte im Laufe seines Lebens fünf Frauen, die wir heute als Ehefrauen ansehen. Die erste war wohl eher eine Lebensgefährtin, denn die Ehe war nicht rechtmäßig. Der Name der Frau war Himiltrud. Sie hatte zwei Kinder mit Karl. Einen Jungen und ein Mädchen.

Die zweite Frau hat Karl geheiratet, um Frieden mit ihrem Vater in Norditalien zu schließen. Wir kennen ihren Namen nicht. Da ihr Vater Desiderius hieß, nennen wir sie einfach Desiderata. Die Ehe blieb kinderlos, weil Karl sich schon nach wenigen Monaten von ihr trennte.

Die nächste seiner Frauen war die erst 13-jährige Hildegard. Sie wurde seine wichtigste Frau. Sie begleitete ihn auf allen Reisen. Dabei hatte sie stets einen Lehrer an ihrer Seite, der sie unterrichten musste. Hildegard war sehr schlau. Sie und Karl hatten neun Kinder. Sie ist nach der letzten der vielen Geburten gestorben. Hildegard wurde nur 24 Jahre alt.

Danach heiratete Karl die schöne Fastrada. Sie wird als launisch beschrieben. Fastrada starb in der Nähe von

Mainz an einer Zahnentzündung. Sie hatte immer Probleme mit den Zähnen, und es gab damals einfach keine guten Zahnärzte. Sie hatte zwei Töchter mit Karl, mit dem sie elf Jahre verheiratet war. Die Sage vom Ring der Fastrada führte zum Bau der Aachener Frankenburg (du findest sie im nächsten Kapitel).

Karls letzte offizielle Frau wurde Liutgard. Die beiden hatten keine gemeinsamen Kinder. Liutgard starb im Jahr 800, als der Hof auf dem Weg zu Karls Kaiserkrönung nach Rom war.

Vielleicht wunderst du dich, dass Karl so häufig geheiratet hat. Die Königinnen hatten an einem Königshof wichtige Aufgaben. Sie organisierten die ständigen Reisen und vor allem verwalteten sie die königlichen Güter. Sie passten also auf das Privatvermögen auf. Wenn Karl auf Kriegszug war, dann musste die Königin ihn vertreten und manchmal sogar Recht sprechen. Du siehst also, eine Königin musste klug und gebildet sein, damit sie ihre Aufgaben erfüllen konnte.

Nachdem Liutgard gestorben war, hat Kaiser Karl nicht mehr geheiratet. Die Aufgaben der Königin übernahmen seine erwachsenen Töchter, die alle in Aachen lebten.

Wurde Kaiser Karl in Aachen gekrönt?

Nein, Karl wurde nicht in Aachen gekrönt. Er wurde zum König im französischen Ort Noyons gekrönt, am selben Tag wie sein Bruder Karlmann, der in Soissons gekrönt wurde. Viel sensationeller war jedoch Karls Krönung in Rom. Dort hat ihn der Papst zum Kaiser gekrönt und zwar am Weihnachtstag des Jahres 800. Diese Krönung wurde wichtig für alle folgenden Herrscher im heutigen Deutschland und Österreich. Fast 1.000 Jahre lang regierten hier die Kaiser des „Heiligen Römischen Reiches Deutscher Nation". Der erste von ihnen war Otto I., genannt der Große.

Wie viele Kinder hatte Kaiser Karl?

Karl hatte 18 Kinder, von denen wir die Namen kennen. Darunter waren fünf Söhne. Als Karl der Große starb, waren schon vier von ihnen nicht mehr am Leben. Deshalb folgte ihm Ludwig, genannt der Fromme, auf den Thron.

Woran ist Kaiser Karl gestorben?

Kaiser Karl starb am 28. Januar 814 in Aachen an den Folgen einer Rippenfellentzündung. Er hatte sich während einer Jagd erkältet. Sein Biograf Einhard hat uns eine sehr gute Beschreibung dazu gegeben:

„Im Januar wurde er dort während seines Winteraufenthaltes von hohem Fieber befallen und musste das Bett hüten. Er beschloss zu fasten, wie er es bei Fieber immer getan hatte, denn er glaubte, durch Enthaltsamkeit die Krankheit zu vertreiben oder wenigstens zu mildern. Zum dem Fieber stellten sich Schmerzen in der Seite ein, die von den Griechen mit Pleuritis (Rippenfellentzündung Anm. d. Autorin) bezeichnet werden. Trotzdem bestand er darauf, weiterhin zu fasten und stärkte sich nur ab und zu durch wenig Trinken. Er starb, nachdem er die heilige Kommunion empfangen hatte, am 28. Januar in der dritten Stunde des Tages sieben Tage nach seiner Erkrankung, im zweiundsiebzigsten Lebensjahre und seinem siebenundvierzigsten Regierungsjahr."

In einem Punkt irrt Einhard. Die Forscher von heute gehen davon aus, dass Kaiser Karl fast 66 Jahre alt wurde. Eins jedoch ist sicher: Wenn er mehr getrunken und weniger gefastet hätte, wäre er vielleicht wieder gesund geworden.

Karl wurde noch am selben Tag im Aachener Dom beigesetzt (dazu findest du mehr in Kap. 11).

Karl mit seinem Wappen:
Adler und Lilien

Der Ring der Fastrada

oder wie die Burg Frankenberg entstand

So kleideten sich die fränkischen Noblen.

Kaiser Karl hatte von einer Schlange einen Zauberring bekommen.

Kaiser Karl hatte von einer Schlange einen Zauberring bekommen. Dieser hatte die Macht, den Menschen, der ihn bei sich hatte, an Kaiser Karl zu binden. Der Kaiser schenkte ihn also seiner schönen Frau Fastrada. Nun geschah es, dass die schöne Gattin bereits kurze Zeit später starb. Kaiser Karl war untröstlich. Auf keinen Fall wollte er sich von ihr trennen.

Damit sie endlich beerdigt werden konnte, schritt Bischof Turpin, Kaiser Karls Beichtvater, ein. Er zog unter der Zunge der Verstorbenen den Zauberring hervor und steckte ihn in seine Tasche. Der Bann war gebrochen. Fastrada wurde in der Nähe von Mainz begraben. Aber von nun an folgte Kaiser Karl dem Bischof. Der warf den Ring schließlich in einen Wassergraben nahe bei der Pfalz in Aachen.

Von nun an kehrte Kaiser Karl immer wieder nach Aachen zurück. Er ließ an der Stelle, wo der Ring im Wasser lag, ein kleines Jagdschloss bauen. Wir nennen es heute die Frankenburg. Die Burg liegt an der Bismarckstraße im Frankenberger Viertel.

Das Schängche-Denkmal

(Klaus Gehlen 2021)

Zu meinem 100sten Geburtstag haben mir die Öcher 2021 ein ganz besonderes Geschenk gemacht:

Der Künstler Klaus Gehlen aus Monschau hat mich in Bronze gegossen. Darauf bin ich *besongesch* stolz. Ein eigenes Denkmal hat schließlich nicht jeder.

Das Denkmal besteht aus drei Figuren. Das bin einmal ich, dann mein Freund, unser *Stadtpoliss* (Polizist) Noppeney, und Tanz Hazzor. Weil sie eine Marktfrau ist, steht vor ihr ein großer Weidenkorb voller Obst und Gemüse, das sie auf dem Öcher Markt verkaufen möchte. Marktweiber wie meine Tante haben truher das Obst und Gemüse selbst angebaut und sich mit dem Verkauf ein kleines Einkommen gesichert.

Tant Hazzor trägt eine Haube aus Stroh. Man nennt sie „Schute". Das ist die traditionelle Kopfbedeckung der *Öcher Maatwiiver*. (Aachener Marktfrauen)

Als dieses Buch entstand, war leider noch kein Platz für das Denkmal in der Stadt gefunden.

1 Liste der Quellen

Text von Einhard aus:	Vita Karoli Magni, Das Leben Karls des Großen. Reclam Verlag.

2 Bildnachweis

Coverlayout:	Isabella Frangenberg
Covermotive:	Sabine Mathieu, ©AdobeStock
Innenlayout & Satz:	Isabella Frangenberg
Fotos:	Sabine Mathieu

Weitere Fotos, Abbildungen und Hinweise:

Autorenfoto:	Otto Trebels, künstlerischer Leiter „Öcher Schängche"
Theater Aachen:	Film Dschungelbuch, Bild Innenraum Theater Aachen/David Gerards
Peter Reuters:	Puppenspieler im Video Seite 11
AKV Sammlung Crous, Aachen:	Abbildung Bahkauvbrunnen
Michael Nobis:	Printenrezept
Klappergasse Übersetzung:	Gerti Verwijst
Ägid Lennartz:	Vocals und Keyboard für die Lieder: „Vür sönd va Oche", „Türelüreließje" und „Alaaf et Öcher Schängche"
Abbildungen aus Reichsevangeliar:	Ausstellungskatalog „Karls Kunst", 2014 Stadt Aachen
Abbildung Monogramm:	Ausstellungskatalog „Orte der Macht", 2014 Stadt Aachen
Foto Carolus Thermen:	www.carolus-thermen.de
Alle übrigen:	©AdobeStock
Lektorat:	Dr. Irmgard Jaeger
Karte S. 8-9:	OpenStreetMap

Außerdem erhältlich:
Kräutergarten
Biogarten
Pflegeleichter Garten
Pflanzenschnitt
Balkon- und Terrassengarten

mpact via ist ein Imprint der Compact Verlag GmbH

2011 Compact Verlag GmbH München

t: Wolfgang Seitz, Peter Himmelhuber
laktion: Anja Fislage
elabbildungen: mauritius images (u.); aboutpixel.de/das o (o. l.);
lia.com/MaiKai (o. M.); fotolia.com/adampauli (o. r.)
out: h3a GmbH, München
schlaggestaltung: h3a GmbH, München

N 978-3-8174-8416-4
1 2012 2013 2014 2015   10 9 8 7 6 5 4 3 2 1

ichen Sie uns im Internet: www.compact-via.de

MEIN GARTEN

Rosengarten

Kreativ und einfach gestalten

W0189986

compact **via**

Inhalt

Planung und Gestaltung

Planung ist wichtig – auch im Rosengarten

Im Garten entfaltet die Rose ihre schönste Wirkung. Kein Wunder also, dass viele Hobbygärtner der „Königin" der Blumen im eigenen Garten eine Heimat geben wollen. Im Laufe der Jahre und Jahrzehnte haben sich viele elegante Varianten entwickelt: der weit ausladende Rosenbusch, die dicht wachsende Hecke, Rosenbäumchen, Rosengassen und Bodendecker.

Ein Platz an der Sonne – die Standortwahl

In fast jedem Garten hat die Rose ihren festen Platz und begeistert den Betrachter durch die Vielfalt ihrer Farben und durch die Schönheit der Blüten. Obwohl in fast jedem Garten ein idealer Platz für die Rosen gefunden werden kann, sollten Sie bereits die Planung Ihres Rosenbeetes überlegt angehen. Generell gilt: Rosen brauchen einen sonnigen Standort, der nicht windstill sein sollte. Denn Rosen mögen frische Luft. Warme Plätze direkt an einer südseitigen Hauswand sollten Sie meiden. Lehmhaltiger Boden, leicht kalkhaltig, nährstoffreich, locker und tiefgründig ist eine weitere Voraussetzung für gutes Gedeihen.

Eigenheiten der Rosensorten beachten

Und natürlich hat jede Rosensorte durch spezielle Züchtung ihre Eigenheiten in Wuchs

Die Züchtung „Graham Thomas" gehört zu den Englischen Rosen und ist aus einer Kreuzung von alten und modernen Rosensorten entstanden

und Blüte entwickelt und kommt nur dort voll zur Wirkung, wo ihr die Umgebung Spielraum zur optischen Entfaltung lässt. Der Vorgarten ist die Domäne der Polyantha-Hybriden, mit ihren großen, in dichten Dolden stehenden Blüten und der buschigen Floribunda-Rosen. Solche Rosenpflanzungen wirken am besten, wenn sie ganz in einem Farbton gehalten sind. Das Zusammensetzen vieler Sorten bringt Unruhe ins Bild. Die Farbwahl der Rosensorten ist natürlich Geschmackssache. Achten Sie dennoch darauf, dass Ihre Vorgartenrosen in der Farbe zum Blumenschmuck auf dem Balkon oder dem Anstrich Ihres Hauses passen.

Wuchshöhe berücksichtigen

Berücksichtigen Sie schon beim Rosenkauf die angegebene Wuchshöhe. Die beste Wirkung erzielen Sie – besonders in kleineren Gärten – mit niederen oder mittelhohen Sorten. In unmittelbarer Nähe von oder zwischen höheren Ziersträuchern oder gar Koniferen wirken Rosenbeete nicht. Niedere Gehölze und Zwergkoniferen dagegen vertragen sich optisch durchaus mit den Rosen. Auch kreis-

runde Beete oder strenge Vierecke im Rasen sind nicht ideal. Rosenliebhaber, die sich die edlen Formen der Teehybriden in den Garten holen möchten, sollten an passender Stelle ein kleines Rosengärtchen anlegen.

Standorte für Kletterrosen

Kletterrosen sind Haus- oder Garagenwand, Gartenmauer, Pergola oder Zaun vorbehalten. Hier unterscheidet man zwischen einmal und mehrmals blühenden sowie duften-

> **ÖKO-TIPP**
>
> ### Krankheiten vorbeugen
>
> Im Schatten und noch dazu auf staunassen Böden haben Rosen immer mit Pilzkrankheiten zu kämpfen. Ein gut gewählter Standort ist die beste Vorsorge gegen Krankheiten. Auf diese Weise vermeiden Sie den nachträglichen Einsatz von chemischen Pilzbekämpfungsmitteln.

den und nicht duftenden Sorten. Am Haus oder an einer hellen Mauer müssen die Rosen im Sommer regelmäßig gegossen werden, wenn Sie lange Freude an Ihren Pflanzen haben wollen. Auch ein regelmäßiger Auslichtungsschnitt im Frühjahr trägt dazu bei, dass die Kletterrosen ein hohes Lebensalter erreichen. Die größten und schönsten Blüten entstehen am einjährigen Holz. Sie können deshalb schon durch einen fachgerechten Schnitt in Kombination mit einer entsprechenden Volldüngergabe dafür Sorge tragen, dass der Rosenstrauch auch noch nach Jahren dicht mit schönen Blüten besetzt ist.

Kletterrosen brauchen eine Rankhilfe oder Mauer, um sich entfalten zu können

Vielfalt der Formen und Farben

Schon bei der Planung sollten Sie sich fragen, welcher „Rosentyp" Sie sind. Mögen Sie klassische Formen, lieben Sie betörenden Duft oder lassen Sie der Natur gerne ihren freien Lauf? Sollen die Rosen robust und pflegeleicht sein? Wollen Sie Profi im Rosenschnitt werden? Oder haben Sie gar Lust, Rosen zu veredeln?

Rosen-Schau

Seit mehr als 100 Jahren werden in Sangerhausen in Sachsen-Anhalt Rosen aus aller Welt gesammelt. Inzwischen sind dort von Frühjahr bis Herbst 55.000 Rosenstöcke – mehr als 6.500 Arten und Sorten – auf einer Fläche von 13 ha in ihrer schönsten Pracht zu bewundern. Wegen seiner Vielzahl früh blühender Rosen ist das „Rosarium" im Frühjahr besonders sehenswert und relativ einzigartig.

Europa-Rosarium Sangerhausen
Steinberger Weg 3
06506 Sangerhausen
Tel.: 0 34 64/57 25 22
Fax: 0 34 64/58 98 15
www.europa-rosarium.de

Kataloge

Bei den meisten Rosenzüchtern bekommen Sie gegen eine Schutzgebühr einen bebilderten Katalog oder eine Sortenliste. Etikette verpflichtet: Stilgerecht kennzeichnen können Sie Ihre Rosen mit Porzellanetiketten, die neben der Sorte den Namen, das Jahr und den Züchter tragen.

Historische Rosen

Die wichtigsten Formen sind: *Rosa alba,* die Weiße Rose. Sie existierte schon zur Zeit der Römer und Griechen, ist von kräftigem Wuchs und wird bis zu 2 m hoch. Die *Rosa damascena,* die Damaszener-Rose, stammt aus Kleinasien. Diese Rose wird um die 150 cm hoch und verströmt einen schweren Duft. Die Portland-Rosen wurden Ende des 18. Jahrhunderts in Italien gezüchtet. Sie wachsen niedrig, sind buschig und duften süß. Die *Rosa centifolia* stammt aus Holland, ist von mittelkräftigem Wuchs und wird bis zu 2 m hoch. Die *Rosa gallica,* die Essigrose, wird ebenfalls bis zu 2 m hoch und duftet stark. Historische Rosen haben meist Liebhaberpreise. Eine Pflanze kostet oft zwischen sieben und zehn Euro. Man kann sie außerdem nicht an jeder Straßenecke kaufen, sondern muss sie von speziellen Züchtern beziehen.

Sommerliche Blütenpracht

Die Englischen

Sie werden noch nicht so lange gezüchtet. Dem englischen Rosenzüchter David Austin gelang es 1961 zum ersten Mal, historische mit modernen Rosen zu kreuzen. Schon nach kurzer Zeit gelangen ihm traumhaft anzusehende Sorten, wie etwa die berühmte „Constance Spry". Doch sie blühten, wie die historischen, nur einmal im Sommer. Erst 1969 erreichte er sein Ziel, öfter blühende Sorten zu züchten, die dabei den Charme, das Aussehen und den Duft der historischen Rosen haben. Seither wird das Sortiment immer größer. Heute gibt es bereits über 70 Sorten. Viele der englischen Rosen werden nicht höher als 1 m und brauchen im Frühjahr einen regelmäßigen Rückschnitt. Englische Sorten sind nicht im Blumenladen erhältlich, nur wirklich moderne Züchter und Gartencenter haben sie im Sortiment.

Neue Liebe zu alten Rosen

Die Lieblingsblumen der Biedermeierzeit wurden wiederentdeckt, weil sie so intensiv duften. Alle Rosen, die es schon vor 1867

Ein Rosenstrauch in voller Blüte

gab, zählen zu den alten, den historischen Rosen. Sie haben wunderschöne, nostalgische Blüten, duften intensiv, sind robust und trotzen dem Frost. Aber ihre Blütezeit ist verhältnismäßig kurz und sie brauchen viel Platz. Die meisten wachsen zu hohen, ausladenden Sträuchern heran, sodass in einem kleineren Garten schon eine einzelne Rose zum Mittelpunkt werden kann. Als erste moderne Rose gilt die Teehybride „La France" aus dem Jahr 1867. Sie zeichnet sich (wie alle modernen) durch eine besonders lange Blütezeit aus. Moderne Rosen gibt es in allen möglichen Farben. Auch in Gelb- und Orangetönen – wie sie die historischen Rosen kaum haben. Dafür fehlt den meisten der intensive Duft der historischen Rosen. Übrigens liefern die modernen Rosen die schönsten Schnittblumen. Die neuesten Züchtungen, die englischen Rosen, sind äußerlich kaum zu unterscheiden von den alten. Sie stellen eine Kombination der besten Eigenschaften dar, mit dem nostalgischen Aussehen der historischen und der langen Blütezeit der modernen Rosen. Drei unterschiedliche Züchtungen also, die Ihnen vielfältige Gestaltungsmöglichkeiten für den Garten, aber auch für Balkon und Terrasse bieten.

INFO

Rosen-Kombination

Diese Pflanzen können Sie mit allen Rosen kombinieren. **Blau:** Feinstrahl-Aster, Glockenblume, Katzenminze, Kugeldistel, Lavendel, Ochsenzunge, Rittersporn, Salbei; **Grün:** Buchsbaum, Moos-Veronika, Thymian, Ziergräser; **Silbrig:** Heiligenkraut, Perlpfötchen, Wollziest; **Weiß:** Glockenblume, Madonnenlilie, Margerite, Schleierkraut

Die Modernen

Das Besondere an den modernen Rosen ist, dass sie lange blühen und in einer breiten Farbpalette erhältlich sind. Aber gerade weil sie in so vielen unterschiedlichen Farben gezüchtet werden, haben moderne Rosen oft ihren Duft verloren. Erst in neuerer Zeit geht der Trend wieder dahin, auch bei ihnen auf den Geruch Wert zu legen.
Weltweit gibt es übrigens etwa 30.000 Rosensorten. Moderne Rosen, die wie alte oder wilde Rosen aussehen, z. B. „Alchymist", „Bantry Bay" oder die Bodendeckerrose „Candy", können Sie in Gartencentern oder im Versandhandel kaufen.

Kletterrosen

Kletterrosen sind ein dekorativer Schmuck für Hauswände, Böschungen, Mauern, Zäune und Spaliere. Besonders duftende Kletterrosen sind „Casino", „Coral Dawn", „Lavinia", „Morning Jewel", „Parade", „Rosanna", „Sympathie" oder „White Cockade". Mit Kletterrosen schaffen Sie außerdem Lebensraum für Vögel.

Wildrosen

In natürliche Gärten passen besonders gut Wildrosen. Für Büsche, Hecken und Mauerbepflanzungen wählen Sie am besten europäische Sorten, wie die Feld- oder Kriechrose, die Hundsrose oder die schottische Zaunrose. Besonders schön wirken auch Rosen aus dem Fernen Osten, wie die Chinesische Goldrose.

Akzente

Voll im Trend liegen Rosenbögen, einfach oder als Rosengasse. An den Klettergerüsten kann man Rosensorten wie „Bobby James" oder „Golden Showers" weitgehend sich selbst überlassen. Die Blüte wird allerdings reicher, wenn Sie Ihre Rosen regelmäßig zurückschneiden. Weitere Möglichkeiten, mit Rosen im Garten Akzente zu setzen, bieten Rosenbäumchen. Auch sehr wirkungsvoll: die leuchtend rote „Chevy Chase", unterpflanzt mit der zartrosa „Nozomi". Möchten Sie eine größere Fläche bepflanzen, wählen Sie am besten Bodendeckerrosen. Schon mit einer einzigen Pflanze – wie etwa der „Snow

**Besonders eindrucksvoll
wirkt diese Rosengasse**

Ballet" oder der „Immensee" – können Sie einen Quadratmeter Gartenfläche in ein Blütenmeer verwandeln. Groß im Kommen sind auch berankte Lauben und Pavillons. Und falls Sie einen Gartenteich haben, bieten sich Rosen als gestalterisches Element für den Randbereich an. Die Wurzeln dürfen allerdings nicht im Wasser stehen.

Romantisch

Besonders attraktiv wirken Rosenbögen aus weißen Rosen. Die Bögen aus Holz, Kunststoff oder Metall können Sie entweder fertig kaufen oder auch aus drei Sprossenleitern selbst bauen. Wichtig ist bei allen Rosenbögen immer die stabile Verankerung im Boden mit verzinkten Trägerschuhen oder Betonsockeln.

Rosenpracht auf Balkon und Terrasse

Rosen bevorzugen sonnige und luftige Standorte. Wenn Sie für Balkon oder Terrasse in Kästen, Schalen oder Kübeln eingepflanzt sind, darf es aber nicht zum Hitzestau kommen, sonst können Ihre Rosen von Spinnmilben befallen werden. Orte mit Südost- bzw. Südwestausrichtung sind daher besser geeignet als ein reiner Südbalkon. Pflanzen Sie die Rosen auch nicht zu dicht nebeneinander, denn die Luft muss zirkulieren können. An-

Auch auf dem Balkon oder der Terrasse kommen Rosen zum Einsatz – sei es in Kästen, Kübeln, Schalen oder als Kletterrose, beispielsweise an der Hauswand

sonsten droht Gefahr durch Mehltau. Für schmale Balkonkästen und kleinere Töpfe sind stecklingsvermehrte Zwergrosen ideal. Sie wachsen nicht höher als 30 bis 40 cm und ihr Wurzelwerk ist nur schwach entwickelt. Für tief wurzelnde Bodendecker und Strauchrosen oder Rosenbäumchen brauchen Sie große und vor allem hohe Kübel. Moderne Edelrosen, die leicht etwas staksig wirken, sind als Kübelpflanzen weniger geeignet.

Langblüher

Die Rose „Orange Meillandina" ist eine ideale Rose für Kästen und Kübel. Sie wächst etwa 30 bis 40 cm hoch und bildet den ganzen Sommer über neue Blüten. Weitere hierfür geeignete Meillandina-Sorten sind „Striped Meillandina" (gestreift), „Sunny Meillandina" (gelb) und die „Duke Meillandina" (karmesinrot). Versuchen Sie es doch auch einmal mit niedrig wachsenden Strauchrosen, wie etwa der „Roten Mozart", die bis zum ersten Frost blüht.

Ein Rosenstrauß ist ein beliebtes und klassisches Geschenk

INFO

Harmonie der Farben

Weiß blühende Pflanzen wie Schleifenblumen, Kissenphlox und niedrige Glockenblumen passen zu allen Rosen besonders gut. Gelbblüher wie Steinkraut, Johanniskraut und Sonnenröschen geben roten und rosa Rosen den richtigen Rahmen. Riskant ist es, gleiche Farben zu mischen, denn die Farben „beißen" sich oft untereinander. Weiße und helle Rosenblüten kommen vor dunklem Hintergrund zur Geltung, rote Rosen dominieren die Gartenpartie, in der sie blühen.

Untermieter

Im Sommer bekommt das Rosenbäumchen im Idealfall Margeriten zur Untermiete, wodurch die Erde im Kübel nicht so schnell austrocknet und dekorative Farbeffekte erzielt werden. Die rote Strauchrose harmoniert gut mit der zartvioletten Prunkwinde oder der buntblättrigen Schönmalve. Für diese Kombination ist allerdings ein großer Kübel wichtig, da die Rosen Platz brauchen, um die Wurzeln gut zu entwickeln und um ihre Triebe der Sonne entgegenzustrecken.

Mit Rosen Freu(n)de machen

Im April bereits fängt die schöne Zeit der heimisch gewachsenen Rosen an. Gärtner und Floristen halten sie dann in einer besonders großen Sorten- und Farbenvielfalt bereit. Die Rose gilt als die Nummer eins bei Schnittblumen. 1,4 Milliarden Rosen werden jährlich in Deutschland verkauft. Ob eine einzelne Rose

Pflegeleicht und wildromantisch

✿ Romantisches Flair

Wer es sich einfach machen und trotzdem nicht auf das romantische Flair der Rosen verzichten möchte, ist mit Wildrosen gut beraten. Diese sind robuster und benötigen nicht soviel Pflege wie ihre anspruchsvollen Schwestern. Man unterscheidet bei den Wildrosen nach ihrer Herkunft aus Asien, Europa oder Nordamerika. Dabei gibt es die unterschiedlichsten Ausbildungen dieser Wildform, mit denen sich so manch verwunschene Gartenecke gestalten lässt.

✿ Dornröschenhecke

Da sie viele kräftige Triebe bilden, eignen sich Wildrosen sehr gut für die Anlage einer Hecke, etwa an der Grundstücksgrenze. Sie können entweder mit den üblichen Ziersträuchern kombiniert werden oder diese ersetzen. Als Heckenrose eignen sich beispielsweise die Hundsrose, die Kartoffelrose oder die Schottische Zaunrose. Eine solche Hecke dient nicht nur als Sichtschutz, sondern wehrt im Falle eines Falles mit ihren Stacheln auch ungebetene Gäste ab.

✿ Gestaltungsmöglichkeiten

Märchenhaft verwunschen sehen an Mauern oder Bäumen hochrankende Wildrosen aus. Hierzu eignen sich Kletterrosen wie die Weiße Kriechrose. Doch auch als Gartengehölze für den freien Stand entfalten Wildrosen ihren natürlichen Charme. Zusammen mit Prachtstauden wie Rittersporn oder Sonnenbraut sehen Sorten mit größeren Blüten sehr schön aus, während die kleinblütigen Pflanzen gut in Kombination mit Wildstauden, z. B. Fingerhut, zur Geltung kommen.

✿ Winterlicher Schmuck

In den kälteren Jahreszeiten verschönern Wildrosen Ihren Garten. Die leuchtend roten Früchte setzen farbige Akzente, die ihre Glanzzeit im Herbst haben, aber auch besonders schön im Schnee oder mit Raureif überzogen aussehen. Für eine schöne Atmosphäre im Haus sorgen die Hagebutten als Dekoration in der Vase oder auf dem Kaminsims, an der Sie lange Ihre Freude haben.

mit ein wenig Beiwerk aufgebunden oder ein üppiger Rosenstrauß, ob Ton in Ton oder bunt gemischt – unter den vielen Rosensorten gibt es wohl für jeden Anlass die Passende. Ganz besonders gelingt die Überraschung, wenn Sie die Rosen im eigenen Garten schneiden und ganz frisch verschenken können – diese Blumen machen besonders lange Freude. Überraschen Sie Ihre Freunde doch einfach einmal zwischendurch mit einem Rosenstrauß in aktuellen Gelb-Orange-Tönen. Genießen Sie in Ihrem Wohnzimmer eine elegante Atmosphäre mit einem edlen Rosenstrauß in Weiß oder verschenken Sie ein buntes, duftendes Bouquet von Rosen in sommerlichen Farben. Auch im Brautstrauß und als Tischdekoration bieten Rosen vielfältige Möglichkeiten, den

> **PFLEGELEICHT-TIPP**
>
> ### Frostschutz nicht vernachlässigen
>
> Rosen sind in Kübeln stärker von Frostschäden gefährdet als im Gartenboden. Im Winter sollten die Kübel einen schützenden Mantel etwa aus Jute erhalten, damit sie nicht völlig durchfrieren. Im Regenschatten darf zudem das gelegentliche Gießen nicht vergessen werden, damit die Erde nicht völlig austrocknet.

schönsten Tag im Leben stilvoller zu gestalten. Anlässe für Rosen gibt es also genug.

Rosen viermal kombiniert: Gestaltungsideen

Rosen und Rasen

Schön sind hochwachsende, historische Rosen mitten im Rasen. Beachten Sie, dass der Rasensprenger die Blüten allerdings nicht direkt treffen darf.

Rosen und Stauden

Alle schwach wachsenden Strauch- und die sogenannten Beetrosen eignen sich für eine

solche Partnerschaft. Als schwach wachsende Strauchrose eignet sich z. B. die „Rote Mozart", die „Gelbe Dagmar Hastrup" oder die „Rote Woge", als Beetrose beispielsweise die „Holstentor".

lem der niedrige Buchsbaum (Dieser muss allerdings regelmäßig geschnitten werden!). Aber auch mit blau blühendem Lavendel oder der Clematis lassen sich schöne Effekte und wirkungsvolle Kontraste im Rosenbeet zaubern. Diese lassen sich mit einzelnen, aber nicht zu hohen Rosen gut kombinieren.

Rosen und Gehölze

Als immergrünes Gehölz eignet sich als wirkungsvolles Arrangement zu Rosen vor al-

Rosen und Gräser

Niedrige Gräser bilden einen Rahmen um die Rosen, hochwachsende Gräser werden einzeln zwischen die Rosen gesetzt und erzielen so wirkungsvolle Effekte.

PFLEGELEICHT-TIPP

Auf die Pflege kommt es an

Egal, ob Sie die Rose im eigenen Garten bzw. Blumenkasten schneiden oder als Schnittblume kaufen, Sie müssen folgende Punkte beachten, damit Sie von den edlen Blumen so lange wie möglich etwas haben:

- Transportieren Sie die Rosen möglichst vorsichtig und setzen Sie sie nicht unnötig lange zu großer Hitze oder Kälte aus.
- Versorgen Sie die Rosen nach dem Schnitt bzw. Einkauf und Transport schnell mit Wasser.
- Schneiden Sie die Stielenden mit einem scharfen Messer leicht schräg an.
- Stellen Sie die Rosen in ein sauberes Gefäß mit handwarmem Wasser.
- Geben Sie Schnittblumennahrung (im Fachhandel erhältlich) in der richtigen Dosierung hinzu, damit die Rosen sich zur vollen Schönheit entwickeln können.
- Entfernen Sie das Rosenlaub so weit, dass es nicht in das Wasser hineinragt, die Blätter faulen sonst und verunreinigen das Wasser.
- Schützen Sie den Rosenstrauß vor Zugluft, vor warmer Heizungsluft und vor starker Sonneneinstrahlung.

Anlage und Vorarbeiten

Der Boden lebt

Damit Ihr Rosengarten richtig zur Geltung kommt, ist es wichtig, diesen sorgfältig anzulegen. Einen guten Start geben Sie Ihren Rosen nicht nur durch die Wahl des richtigen Standortes, gute Nachbarschaft und durch artgerechte Pflege, sondern auch und v.a. durch die richtige Bodenvorbereitung. Die braunen Krümel des „Mutterbodens" stecken voller Leben. Regenwürmer, Tausendfüßler und Asseln, Algen, Pilze, Bakterien und Mikroorganismen haben in jedem Kubikzentimeter Ihrer Gartenerde ihr Zuhause. Sie alle zusammen bilden einen Mikrokosmos, der die fruchtbare Gartenerde ständig erneuert, denn sie verarbeiten rund ums Jahr alle organischen Abfälle des Gartens. So entsteht aus welken Blättern, Gras und dürren Zweigen wieder nährstoffreicher Humus.

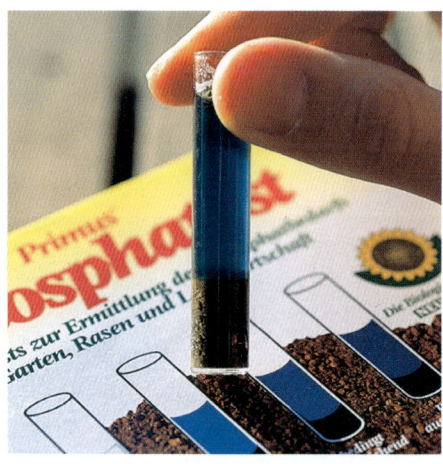

Es ist wichtig, dass sich der Nährstoffgehalt der Gartenerde immer im Gleichgewicht befindet

Rosen brauchen Nährstoffe

Wie alle anderen Pflanzen auch, sind die Rosen auf die Nährstoffe des Bodens angewiesen, um wachsen und blühen zu können. Der Rosengärtner muss also versuchen, den Nährstoffgehalt der Gartenerde immer in einem vernünftigen, gesunden Gleichgewicht zu halten. Am natürlichsten erreichen Sie das mit Kompostgaben. Finden Sie in Ihrem Garten

trotzdem einen Nährstoffmangel vor, bleibt Ihnen nichts anderes übrig als zu düngen.

Gartenerde testen lassen

Den Zustand Ihrer Gartenerde lassen Sie am besten vor der Pflanzung der Rosen testen. Es gibt einige Bodenuntersuchungs-Institute, die diesen Service für zehn bis 15 Euro anbieten. Auf Anfrage bekommen Sie einen vorbereiteten Versandbeutel, in den Sie eine Probe Ihrer Gartenerde geben. Nach etwa zwei Wochen erhalten Sie das Untersuchungsergebnis mit genauer Analyse und einem individuellen Düngeplan. Im Fachhandel gibt es auch Mini-Laboratorien mit genauer Anleitung. Damit können Sie die Untersuchung und Analyse problemlos selbst vornehmen.

Eine einfache Fingerprobe gibt Ihnen Aufschluss über die Beschaffenheit Ihres Gartenbodens

Kleine Bodenkunde

Alle wichtigen Bodennährstoffe befinden sich in der Humusschicht. Die Konsistenz der Bodenkrone ist also entscheidend für das Rosenwachstum.

Rottezone

In der oberen, etwa 5 cm dicken Zone findet der erste Prozess, die sogenannte Rotte, statt. Bakterien, Pilze und Algen lösen hier Pflanzenreste auf. Regenwürmer, Tausendfüßler, Bodenmilben, Insektenlarven und Asseln helfen dabei. Auch unzählige Springschwänze sind in der Rotteschicht zu Hause. Sie alle benötigen für ihre Arbeit viel Sauerstoff, sowie genügend Wärme und Feuchtigkeit.

Humusschicht

Unterhalb der Rottezone beginnt dann die eigentliche Humusschicht. Sie kann etwa 10 bis 30 cm dick sein. Hier leben ganz andere Mikroorganismen, die die groben Stoffe aus der oberen Schicht in stabile Humuskrümel und z. T. direkt in Pflanzennahrung umwandeln. Die Azotobakter-Bakterien binden Luftstickstoff im Boden und stellen ihn für die Pflanzenernährung zur Verfügung. In der Humusschicht breitet sich deshalb auch das dichteste Wurzelnetz aus. Mineralischer Stickstoffdünger stört diesen Prozess.

System der Wechselwirkungen

Alle im Boden lebenden Tiere und Mikroorganismen erzeugen Kohlensäure, was das Wachstum der Pflanzen zusätzlich fördert. Zwischen den Milliarden winziger Lebewesen und dem Versorgungssystem der Pflanzen besteht eine enge Wechselwirkung. Solange dieses ausgeklügelte System der wechselseitigen Abhängigkeiten intakt bleibt, ist für Fruchtbarkeit und gesundes Wachstum gesorgt.

Die unterschiedlichen Bodenarten im Überblick (v. l. n. r.: Tonboden, Lehmboden, Sandboden)

Die Bodenarten

Je nach Lage Ihres geplanten Rosengartens sind Sie mit den unterschiedlichsten Bodenbeschaffenheiten konfrontiert. Sie werden, regional unterschiedlich, auf Ton-, Lehm-, Sand oder Moorboden stoßen. In den seltensten Fällen werden Sie guten, humusreichen Mutterboden vorfinden. Dieser hat idealerweise eine locker-krümelige Struktur und kann so Wasser und Nährstoffe binden. Zum Beurteilen der Hauptbodenarten Erdprobe in der Hand kneten und ausrollen.

Tonböden

Sie sind kalt und erwärmen sich im Frühjahr sehr langsam. Dadurch kann die biologische Aktivität nur schwierig entwickelt werden. Außerdem binden sie viele Nährstoffe, die sie

INFO

Unterschiedliche Bodenarten

Bodenart	in feuchtem Zustand	in trockenem Zustand
Tonboden	sehr elastisch, fein, glitschig, klebrig, leicht knetbar, zu Würstchen ausrollbar	sehr hart, nur schwer zu zerbrechen
Lehmboden	plastisch, knetbar, ausrollbar, rau, leicht bröckelnd	bricht leicht auseinander
Sandboden	bröckelnd, nicht feinkörnig	leicht zerbröckelnd
Moorboden	faserig, schwammig	torfig, leicht

---

nur schwer wieder abgeben. Tonböden neigen zu Staunässe und Verdichtungen und sind daher schwierig zu durchlüften. Damit Nährstoffe freigesetzt werden können, müssen Sie das Bodenleben durch Strukturverbesserungen besonders stark fördern. Tonboden lässt sich nachhaltig verbessern, wenn Sie Sand beimischen und große Mengen organischer Substanz zuführen. Am besten geben Sie reifen Kompost zu (Faustregel: 5 kg pro Quadratmeter).

Lehmböden

Sie speichern Wasser und Nährstoffe gut. Sie sind warm, gut durchlüftet und durchlässig. Normalerweise sind sie leicht zu bearbeiten und daher i. d. R. auch fruchtbar.

Sandböden

Sie erwärmen sich rasch, kühlen aber auch genauso schnell wieder ab. Auf eine Düngung sprechen diese Böden gleich an, sie zeigt aber keine nachhaltige Wirkung. Sie müssen daher ständig für Nachschub von Nährstoffen und Wasser sorgen. Eine lang andauernde Bodenverbesserung erreichen Sie, wenn Sie jährlich Tonerde (Bentonit) beimischen.

Moorböden

Sie sind sauer und reagieren i. d. R. wie ein Schwamm. Bei lange anhaltendem Regen sind sie sehr feucht, bei längerer Trockenheit vermögen sie kein Wasser zu speichern. Eine nachhaltige Verbesserung von Moorböden erreichen Sie durch die regelmäßige Zugabe von Tonerde sowie von Steinmehlen und Algenkalk.

Kalkgehalt und Säurereaktion des Gartenbodens

Rosen brauchen eine leicht saure, neutrale bis schwach-alkalische Erde mit einem pH-Wert zwischen 6,4 und 7,5. Der pH-Wert des Bodens (Säurereaktion) gibt Ihnen Hinweise über den Kalkgehalt. Auch für die meisten anderen Pflanzen sollte der pH-Wert übrigens zwischen 6,5 und 7,5 liegen.

ÖKO-TIPP

Bitte keinen Torf verwenden!

Torf ist ein Zusatzstoff, auf den Sie nicht nur im Rosengarten verzichten sollten. Er ist extrem sauer (pH-Wert 3) und weist in trockenem Zustand Wasser ab. Außerdem ist Torf ein inzwischen rarer Rohstoff, der aus wertvollen Moorbiotopen geholt wird, die besser erhalten werden sollten.

Eine schonende Bodenlockerung ist mit der Grabgabel möglich (Nicht regelmäßig umgraben!)

Den tatsächlichen Kalkgehalt können Sie allerdings nur durch eine chemische Bestimmung in einem Labor feststellen lassen. Im Handel gibt es spezielle Papierstreifen zur Bestimmung des pH-Werts. Obwohl eine gesicherte Aussage über den Kalkgehalt der Gartenerde damit nicht gemacht werden kann, können Sie daraus verschiedene Maßnahmen zur Regulierung des pH-Werts ableiten. Bei zu niedrigem pH-Wert (pH-Wert kleiner als 6) müssen Sie korrigieren. Das geschieht am besten durch Algenkalke, die sich auch zur Aktivierung des Bodenlebens eignen, oder durch Kalksteinmehle, Dolomitkalk, kohlensauren Kalk oder andere kalkhaltige Gesteinsmehle. Die exakte Menge richtet sich nach dem Boden und dem Kalkgehalt der Düngung.

ÖKO-TIPP

Biologisch aktiver Boden

- Mulchen Sie häufig mit zerkleinertem, leicht verrottendem Material (z. B. angewelktem Rasenschnitt, halbverrottetem Kompost usw.).
- Durchlüften Sie den Boden mechanisch. Fügen Sie ggf. strukturverbessernde Materialien wie Perlit, Sand usw. zu.
- Sorgen Sie dafür, dass Regenwürmer in den Boden kommen, evtl. durch Zugabe von Kompost, in dem Regenwurmeier vorhanden sind.
- Fördern Sie die Umsetzungsvorgänge im Boden mit Brennnesseljauche.
- Bringen Sie häufig und genügend hohe Kompostgaben aus.
- Zum Kompostieren eignet sich fast alles: Rasenschnitt, genauso wie die Reste abgeernteter Gemüsebeete, Stiele von Stauden, das Herbstlaub, selbst Schnittholz aller Gehölze etc. Dazu sämtliche rohen, pflanzlichen Küchenabfälle (kein Plastik, keine Metalle und kein Glas). Entscheidend für den Erfolg ist richtiges Aufsetzen. Guter Gartenboden ist die beste Grundlage; durch ihn besiedeln Bodenlebewesen die Kompostmiete von unten.

Bodenvorbereitung

Bei der Rosenbeet-Vorbereitung sollten Sie den Boden – wenn er normal gepflegt ist – mit einer Grabgabel leicht lockern und allenfalls bei der Neuanlage einmal kräftig umgraben. Im Frühjahr sollten Sie allerdings darauf verzichten, da sonst sehr viel Bodenfeuchtigkeit verloren geht. Im Herbst wird der gelockerte Boden mit einer Gründüngung eingesät. Bei einer Neuanlage ist es aber unerlässlich, den Boden zwei – besser drei – Spaten tief zu lockern. Dies ist bei Rosen be-

Wenn Sie neue Rosen pflanzen, achten Sie darauf, dass diese nicht an die Stelle alter Rosen gepflanzt werden

PFLEGELEICHT-TIPP

Bodenmüdigkeit

Eine alte Pflanzregel besagt, dass man an die Stelle alter Rosen keine neuen einsetzen soll. Die sogenannte Bodenmüdigkeit ist ein Phänomen, das die Fachleute noch nicht geklärt haben. Erwiesen ist, dass bei solchen Neupflanzungen mit Minderwuchs zu rechnen ist. Die alten Pflanzen hingegen holen sich die nötigen Nährstoffe vermutlich aus tieferen Schichten. Abhilfe: Zwei Spaten tiefer Bodenaustausch oder – einfacher – die Rosen an eine andere Stelle pflanzen.

sonders wichtig, da sie meist Tiefwurzler sind. Optimal ist es, wenn die Erde bereits im Frühjahr vorbereitet, d. h. umgegraben und gedüngt worden ist, bevor im Herbst gepflanzt wird. Beim Pflanzen darf kein Dünger in den Boden gestreut werden. Die Rosen sollen schließlich kräftige Wurzeln bilden, was durch Dünger nicht gefördert wird. Beim Pflanzen im Herbst können Sie Thomas-, Knochen- oder Hornmehl in kleinen Mengen zugeben.

Rosen setzen

Nach dem Eintreffen der Rosen vom Züchter werden sie gleich gepflanzt oder im Garten tief eingeschlagen, d.h. jede einzelne sollte schräg in den Boden eingegraben werden. Die Wurzeln dürfen nicht der Sonne ausgesetzt werden. Vor der Lieferung wurden die Rosen

---

PFLEGELEICHT-TIPP

Rosen setzen – Schritt für Schritt

1. **Wässern:** Vor dem Pflanzen werden die Rosen – möglichst über Nacht – ins Wasser gestellt.
2. **Pflanzloch vorbereiten:** Die Pflanzgrube sollte so groß sein, dass die Pflanze bis zum Ansatz der Verzweigung hineinpasst und die Wurzeln sich gut ausbreiten können. Beschädigte und zu lange Wurzeln entfernen.
3. **Einsetzen:** Verteilen Sie die Erde mit der Hand locker über die Wurzeln. Pro Pflanze können Sie eine Handvoll Hornspäne beimischen.
4. **Auffüllen:** Drücken Sie die Erde mit der Hand fest, treten Sie sie dann kräftig an, damit um die Pflanze herum eine flache Mulde entsteht.
5. **Wässern:** Füllen Sie die Mulde langsam mit fließendem Wasser (gut geeignet ist ein weicher Brausestrahl). Wiederholen und immer warten, bis das Wasser im Boden versickert.
6. **Anhäufeln:** Durch einen kleinen Erdhügel schützen Sie die frisch gepflanzte Rose vor Austrocknung.

---

bereits vom Züchter gekürzt. Ein zusätzliches Schneiden ist i.d.R. also überflüssig. Nur gebrochene Triebe müssen Sie vor dem Pflanzen sauber abtrennen. Die Wurzeln werden ggf. auf etwa 20 cm zurückgeschnitten, auf jeden Fall bis auf gesundes, helles Holz (dünne Faserwurzeln schonen). Um das Anwachsen der Rosen zu begünstigen, tauchen Sie sie vor dem Pflanzen in einen dicken Lehmbrei, dem möglichst etwas Kuhmist beigefügt ist. Dann wird im vorbereiteten Gartenboden eine Grube ausgehoben. Sie muss so groß sein, dass die Wurzeln in ihre natürliche Lage gebracht werden können, ohne sie umzubiegen. Dann wird zuerst lockere Erde eingefüllt und mit den Händen angedrückt. Die Veredelungsstelle, die Verdickung am Wurzelhals, soll nach dem Anwachsen etwa 5 cm unter der natürlichen Bodenoberfläche liegen. Rechnen Sie dabei mit ein, dass sich die Erde noch setzt. Bevor die Pflanzgrube ganz gefüllt ist, wird angegossen. Wenn das Wasser gut eingedrungen ist, wird die Pflanzgrube ganz mit Erde gefüllt, die zusätzlich auch noch angehäufelt wird (Schritt-für-Schritt-Anleitung s. Kasten).

Pflanzformen

Pflanzen mit nackten Wurzeln

Die traditionelle Angebotsform für den Hausgarten – aus der Baumschule oder dem Gartencenter. Wichtig: Nach dem Kauf und vor dem Pflanzen müssen Sie das Wurzelwerk gegen Austrocknen schützen.

Ballierte und vorverpackte Pflanzen

Relativ neu im Handel sind „ballierte" Rosen. Die Wurzeln sind von einem Substratballen und einem Textilsäckchen umhüllt und werden in dieser Form eingepflanzt. Vorverpackte Rosen sind Pflanzen mit nackten Wurzeln, die in Kunststofftüten eingeschweißt oder in Kunststoffboxen verpackt angeboten werden. Die Wurzeln sind mit Moos oder anderen Materialien umhüllt. Wichtig: Bei zu langer Lagerung oder zu hohen Temperaturen kann vorzeitiger Austrieb oder Austrocknen die Folge sein. Prüfen Sie daher die Pflanze sorgfältig vor dem Kauf.

Pflanzen im Container

Im Container herangezogene Rosen können während des ganzen Jahres mit Ausnahme der Frostperioden gekauft und gepflanzt werden. Als Anzuchtform nur für ein bestimmtes Sortiment, insbesondere für Miniatur- und Beetrosen, üblich. Wichtig: Vergewissern Sie sich, dass die Pflanze tatsächlich im Topf herangezogen (und nicht als Pflanze mit nackten Wurzeln eingetopft) wurde. Der gut durchwurzelte Ballen zeichnet die Container-Qualität aus.

Ein Platz für Kletterrosen

Es steht sicher außer Zweifel, dass Kletterrosen äußerst dekorativ sind. Aber viele Rosenfreunde verzichten darauf, weil sie den Platzbedarf dieser Zierpflanzen überschätzen. Doch zumindest für eine einzelne Kletterrose findet sich in fast jedem Garten eine Nische. Und sogar auf einem Balkon kann eine Kletterrose gut gedeihen und zum Blickfang werden.

Natürliche Kletterhilfen

Kletterrosen brauchen allerdings Hilfestellung, damit sie sich zu voller Höhe entwickeln können. Wenn Sie die Möglichkeit haben, können Sie auch mit einer natürlichen Stütze einen Akzent setzen. So eine Stütze kann z. B. ein Laubbaum sein, eine Konifere oder ein immergrüner Strauch. Sogar einen alten, abgestorbenen Baum können Sie auf diese Weise neu erblühen lassen: Pflanzen Sie die Rose einfach vor den jeweiligen Partner. Die Triebe der Kletterrose müssen Sie anfangs einfach um den Stamm oder die Zweige wickeln. Nehmen Sie evtl. Bast zu Hilfe, um die Rose in der gewünschten Wuchsrichtung zu befestigen.

Kleine Rosenküche

✿ Kulinarisches

Rosen in der Vase, Rosen im Haar, Rosen zum Valentinstag - aber Rosen in der Küche? In der deutschen Küche ist die Rose kulinarisch und als gesundheitsstärkendes Mittel in der Phytotherapie weniger bekannt. Aber die Rose kann, natürlich ungespritzt, als delikate Zutat für verschiedene Speisen verwendet werden. Drei feine Rezepte aus Ihrem Rosengarten:

✿ Rosenkonfitüre

Zutaten: 8 bis 10 Blüten einer gut duftenden Strauchrose, 1 l Wasser, rote Blattgelatine für 1 l Flüssigkeit, 300 g Zucker, 1 Zitrone
Zubereitung: Rosenblüten mit Wasser übergießen, kurz aufkochen lassen und anschließend abseihen. Zitronensaft, eingeweichte Gelatine und Zucker hinzufügen und auflösen lassen. In sterile Gläser füllen.

✿ Rosensorbet

Zutaten: 250 g Zucker, 2 große Tassen stark duftende Rosenblüten, 450 ml Wasser, 3 EL Zitronensaft

Zubereitung: Zucker bei mittlerer Hitze im Wasser auflösen, zum Kochen bringen, fünf Minuten köcheln lassen und dann vom Herd nehmen. Eine halbe Tasse Rosenblütenblätter zur Seite stellen, den Rest in das Wasser streuen und zwei Stunden ziehen lassen. Danach durchsieben und mit dem Zitronensaft abschmecken. In der Eismaschine oder im Tiefkühler gefrieren lassen. Sorbet mindestens alle 30 Minuten mit dem Handrührer durchrühren, da die Konsistenz umso feiner wird, je öfter umgerührt wird. Zum Schluss restliche Rosenblütenblätter in das Sorbet geben, in Glasschalen servieren.

✿ Rosenbowle

Zutaten: 2 Suppentassen frische Rosenblütenblätter, 100 g Zucker, 2 l Weißwein, 1 Sektflasche
Zubereitung: Rosenblüten abwaschen, abtropfen lassen und in ein Bowlegefäß geben. Zucker darüberstreuen, alles mischen und 15 Minuten ziehen lassen. Mit dem Weißwein begießen und zwei Stunden zugedeckt im Kühlschrank ziehen lassen. Rosenblüten mit einer Schaumkelle entfernen. Erst kurz vor dem Servieren Sekt zugießen.

Kletterrosen sind typische Spreizklimmer. Sie brauchen – wie hier an einem Spalier – Halt, um nach oben wachsen zu können

Spaliere

Natürlich können Sie Kletterrosen auch an Spalieren nach oben ranken lassen. Wetterfeste Gitterspaliere gibt es aus Holz, druckimprägniert oder auch farbig lackiert. Ebenso gibt es Rosenbögen fertig zu kaufen. Rosenpyramiden aus Kunststoff oder rostfreiem Stahl stecken Sie einfach als Kletterhilfe in den Pflanzkübel. Die richtigen Adressen, um solche Kletterhilfen zu finden, sind entweder Rosenzüchter, Gartencenter oder auch Baumärkte.

Kletterhilfen selbst bauen

Mit ein wenig handwerklichem Geschick können Sie sich diese Kletterhilfen auch gut selbst bauen. Als Rankhilfe etwa eignen sich schon ein paar Holzlatten, die Sie mit Dübeln an der Hauswand befestigen. Eine etwas ausgefallenere Idee: Spannen Sie stabile Leinen vom Haus zu einem Baum. Nach ein

paar Jahren erhalten Sie einen Rosenbaldachin. Auch einen Rosenbogen können Sie selbst bauen. Die einfachste Konstruktion ist ein Holzgerüst aus imprägnierten Sprossenleitern. Zwei Seitenteile und ein Querteil geben den Trieben der Kletterrose guten Halt. Wichtig ist die stabile Verankerung im Boden. Dazu betonieren Sie am besten Trägerschuhe aus dem Baumarkt etwa 50 cm tief ein. Nach zwei bis drei Tagen, wenn der Beton ausgehärtet ist, können Sie den Rosenbogen befestigen. Verwenden Sie nur verzinkte Schlossschrauben. Es dauert einige Zeit, bis ein Rosenbogen eingewachsen ist. Doch dann ist er die augenfälligste Visitenkarte eines liebevoll gestalteten (Rosen-)Gartens.

Romantische Rosenlaube

Die Krönung eines Rosengartens ist die Rosenlaube – ein romantischer Platz allein, zu zweit oder auch in größerer Gesellschaft. Die Konstruktionen können Sie fertig kaufen – nur die Rosen brauchen ein paar Jahre Zeit zum Wachsen.

ÖKO-TIPP

Schadstofffreie Fundamente

Wenn Sie für Kletterrosen Spaliere aus Holz nutzen wollen, sollten diese auf verzinkte Pfostenanker montiert werden. Keinesfalls sollten die Holzbauteile mit bedenklichen Holzschutzmitteln behandelt werden. Solche Mittel dringen in den Boden ein und können giftig wirken. Bewährt haben sich Schraubfundamente, die in den Boden eingedreht werden und dem Rosenbogen oder Spalier sicheren Halt geben.

Pflegearbeiten

Die wichtigsten Geräte im Rosengarten

Sie haben den richtigen Standort ausgewählt und Ihre Rose fachgerecht gepflanzt. Wenn Sie den Pflanzen jetzt auch noch eine sorgfältige Pflege zuteil werden lassen, steht der üppigen Rosenpracht nichts mehr im Wege. Für eine sorgsame Pflege und auch eine erfolgreiche Veredlung von Rosen braucht man spezielle Geräte.

Abdorner

Der Abdorner (Entdorner) ist ein sehr nützliches Spezialgerät. Mit ihm lassen sich die Stacheln am unteren Ende des Rosenstiels mit einem Handgriff leicht abstreifen. Mit der scharfen Klinge werden dann die Enden schräg angeschnitten.

Abziehstein

Das beste Schneidewerkzeug nützt nichts, wenn es nicht scharf ist. Zum Abziehen der Klinge eignet sich ein Abziehstein. Mit einem sogenannten „Belgischen Brocken" wird feingearbeitet. Richtiges Werkzeugschärfen bedarf allerdings etwas Übung.

Astschere

Wenn Sie viele ältere Strauch- und Kletterrosen im Garten haben, leistet eine Astschere gute Dienste. Mit ihr lassen sich bis zu 4 cm dicke Triebe ganz leicht, sauber und glatt entfernen.

Baumsäge

Sie eignet sich z. B. zum Verjüngen sehr alter, vergreister Strauchrosen. Die Zähne des Sägeblattes sollten so fein sägen, dass keine ausgefransten Sägeschnittstellen zurückbleiben. Handlich sind fuchsschwanzähnliche Handsägen mit schmalem, auswechselbarem Sägeblatt.

Gießkanne

Manchmal – beispielsweise nach dem Pflanzen – lassen sich Rosen besser mit der Gießkanne anwässern als mit dem Gartenschlauch. Falls Sie eine Metallkanne kaufen, achten Sie darauf, dass sie verzinkt ist. Kannen aus Kunststoff sind übrigens nicht schlechter.

Handschuhe

Gute Gartenhandschuhe, z. B. mit Ledereinsätzen, schützen Ihre Hände bei der Arbeit vor Verletzungen an den – oft sehr feinen – Rosendornen.

Hippe

Die Hippe ist ein gebogenes Gartenmesser. Damit werden u. a. die Wildtriebe an Rosen entfernt.

Kralle

Mit der Kralle können Sie die Rosen im Frühjahr bequem abhäufeln. Sonst dient sie zur Bodenlockerung.

Okuliermesser

Wenn Sie Ihre Rosen selbst veredeln wollen, dann lohnt sich die Anschaffung eines entsprechenden Veredelungsmessers – eines sogenannten Okuliermessers. Dieses Rosen-Spezialwerkzeug ist auf die Okulationsarbeit abgestimmt und rasiermesserscharf. Es gibt Messer mit Löser an der Klinge und solche mit gesondertem Löser aus Kunststoff am Messerende.

Präsentierschere

Mit dieser Schere können Sie den Stiel an der gewünschten Stelle abschneiden, während er gleichzeitig von einem an der Scherenklinge angebrachten Wulst festgehalten wird.

Rosengrabgabel

Ein „Muss" für den Rosengärtner ist die zweizinkige Rosengrabgabel. Mit ihr können Sie den Boden auflockern, ohne die Rosenwurzeln über Gebühr zu strapazieren.

Rosenschere

Das Holz der Rosen ist relativ weich und sehr druckempfindlich. Investieren Sie deshalb lieber etwas mehr und kaufen Sie ein Qualitätsprodukt, das schneidet und nicht nur quetscht.

Spaten

Für die Bodenvorbereitung und Pflanzung ist ein hochwertiger, geschmiedeter Gärtnerspaten mit Eschenholzstiel eine lohnende Anschaffung.

Spritze

Um sowohl biologische und bienenschonende Präparate als auch alte Hausmittel zum Schutz der Rosen effektiv auszubringen, lohnt sich die Anschaffung einer Spritze. Achten Sie beim Kauf auf Handlichkeit und Gewicht.

Richtig gießen

Rosen dürfen Sie niemals von oben bewässern, da sie besonders bei hoher Außentemperatur extrem empfindlich auf kaltes Leitungswasser reagieren

Möglichkeit, die Feuchtigkeit ein wenig länger zu konservieren, indem Sie die Fläche zwischen den Rosenpflanzen mit Mulch – beispielsweise mit Rasenabfall – abdecken. Besonders nach dem Düngen sollten Sie ausgiebig wässern, damit die Pflanzennahrung auch wirklich von den Wurzeln aufgenommen werden kann. Wann Sie gießen müssen,

Es ist wichtig zu wissen, dass Rosen relativ tief wurzeln. Das bedeutet, dass sie eigentlich nicht besonders bewässert werden müssen. Lediglich während der Trockenperioden oder nach besonders heißen Tagen sollten Sie ausreichend gießen. Wenn Sie nicht ausreichend wässern, dringt auch nicht genügend Wasser in den Boden ein. Den Rosenwurzeln, die in etwa 15 bis 30 cm Tiefe ihre Nährstoffe aus dem Boden holen, nützt eine nur oberflächliche Bewässerung recht wenig. Gießen Sie nur den Boden – und zwar aus der Kanne. Für ein größeres Rosenbeet lohnt sich die Anschaffung eines Berieselungsschlauches, den Sie mit der Öffnung nach unten zwischen die Pflanzreihen legen. Hier lautet die Devise: Lieber einmal gründlich wässern als nur ein paar Mal die Oberfläche durchfeuchten. Wenn Sie die Erde im Rosenbeet leicht hacken, hält sich die Feuchtigkeit länger im Boden. Sie haben aber auch die

PFLEGELEICHT-TIPP

So gießen Sie richtig

- Morgens von Sonnenaufgang bis etwa 10 Uhr.
- Am Spätnachmittag, bis die Dunkelheit hereinbricht.
- Bei großer Hitze möglichst nicht vor 18 Uhr, morgens nicht später als 8 Uhr.
- Im Frühjahr sollten Sie jedoch die wärmere Tageszeit nutzen.
- Gießen Sie v. a. regelmäßig – die Pflanzen stellen sich auf diesen Rhythmus ein.
- Idealerweise gießen Sie mit abgestandenem Regenwasser. Allerdings wird diese Menge beim ausgiebigen Wässern der Rosen nur selten ausreichen. Sie müssen also die Pflanzen zusätzlich mit Leitungswasser versorgen.
- Kurz bevor es regnet, erübrigt sich das Gießen. Eine alte Regel besagt, dass Pflanzen, die mittags noch voll im Saft gestanden haben und nachmittags wie aus heiterem Himmel ihre Blätter hängen lassen, Regen ankündigen.

bringen Sie sicher bald in Erfahrung. Meist sehen Sie sofort, wenn Ihre Zöglinge Durst haben.

Ein Tipp: Lässt sich die Erde zusammenballen, ohne dass sie gleich wieder auseinanderfällt, reicht die Bodenfeuchtigkeit normalerweise aus. Achten Sie auch darauf, dass das Gießwasser nicht von der Rose wegläuft, sondern versickern kann. Um dies zu gewährleisten, häufeln Sie ganz einfach einen kleinen Gießwall rund um die Pflanze an. Das ist besonders wichtig, wenn Sie Ihre Rosen beispielsweise an einem Hang oder einer Böschung gepflanzt haben. Kletterrosen brauchen mehr Wasser, müssen also häufiger gegossen werden als Beetrosen. Insbesondere an sonnigen Wänden erhöht sich der Wasserbedarf der Kletterer während der Sommermonate enorm. Erfahrene Rosengärtner raten, ab etwa Mitte August überhaupt nicht mehr zu gießen, da die Triebe sonst zu spät mit dem Wachstum abschließen. Das wiederum verhindert, dass die Triebe rechtzeitig verholzen. Die Folge ist, dass die Triebe im Winter nicht hart genug und daher frostanfälliger sind.

Düngen

Um wachsen und blühen zu können, brauchen die Rosen – wie alle anderen Pflanzen auch – Nährstoffe, die sie sich aus dem Boden holen. Wenn Sie diese Stoffe der Gartenerde nicht wieder zuführen, werden die Pflanzen in absehbarer Zeit unter Mangelerscheinungen leiden. Dem können Sie auf natürliche Weise mit Kompost vorbeugen. Wenn das nicht ausreicht, müssen Sie Dünger zufügen. Ob Ihre Rosenerde Nährstoff-

Durch Kompost werden dem Boden auf natürliche Weise zahlreiche Nährstoffe zugeführt

mangel aufweist oder nicht, können Sie am besten mittels einer Bodenanalyse (s. S. 16 f.) feststellen. Aufs Geratewohl zu düngen, erweist sich oft als falsch. Denn die meisten Hausgärten, so zeigen verschiedene Untersuchungen, sind überdüngt. Zumindest der Stickstoffgehalt ist meist zu hoch. Es bleibt also immer auch Ermessenssache und bedarf nicht zuletzt Ihrer persönlichen Erfahrungswerte. Sie sollten das Wachstum Ihrer Rosen auf alle Fälle beobachten und im Falle des Falles richtig dosiert düngen.

Kleine Düngerkunde

Organischer Dünger ist ein Sammelbegriff für alle Düngemittel, die entweder von Tieren oder von Pflanzen stammen. Bei den tierischen Düngern unterscheidet man zwei Arten. Die einen bestehen aus Mist von Nutztieren. Man bekommt sie entweder frisch vom Bauernhof oder getrocknet und in Säcke abgefüllt. Die anderen werden aus Tier-

Kompost sollte schon gut vererdet sein, bevor Sie die Rosen damit düngen

abfällen wie beispielsweise Hornspänen hergestellt. Bei Guano handelt es sich um den getrockneten Kot von Seevögeln.

Organisch-mineralischer Dünger mit Magnesium setzt sich wie folgt zusammen: 11 % N Gesamtstickstoff, 5 % P_2O_5 Gesamt-Phosphat, 11 % K_2O wasserlösliches Kaliumoxid, 3 % MgO Gesamt-Magnesiumoxid sowie Kalzium. An Spurenelementen sind enthalten: Eisen, Kupfer, Mangan, Bor, Molybdän, Zink und andere wichtige Nährstoffe. Als

ÖKO-TIPP

Kompost oder Mist sind gut für Rosen

Edelrosen brauchen tiefgründigen, nährstoffreichen Boden, damit sie gesund und blühfähig bleiben. Dabei kommt ihnen das Anhäufeln mit Mist oder Kompost im Herbst sehr zugute. Dies schützt vor Frost und versorgt den Boden zugleich mit Humus und Nährstoffen. Allerdings darf der Stalldung nicht frisch gegeben werden, sondern erst, wenn er gut verrottet und zum Großteil bereits vererdet ist.

Alternative können Sie, zusätzlich zu Ihrem garteneigenen Kompost, pflanzlichen Dünger einsetzen. Die meisten sind zwar ärmer an verwertbaren Nährstoffen als tierische Stoffe, dafür liefern sie der Erde eine Menge lockernde, strukturbildende organische Substanz und tragen zum Humusaufbau bei. Eine milde Zusatzdüngung erreichen Sie, indem Sie z. B. mit frischem Rasenschnitt, mit zerkleinerten Brennnessel- oder Beinwellblättern mulchen oder aus den beiden letzten eine Jauche ansetzen. Grundsätzlich gilt, je zarter und weicher

die Pflanzenteile sind, desto besser verrotten sie, desto schneller geben sie ihre Nährstoffe an den Boden und damit auch an die Pflanzen ab. Seien Sie aber zurückhaltend beim Einsatz von Brennnesseljauche o. Ä., denn es handelt sich dabei prinzipiell um eine Stickstoffdüngung. Und die sollte, zum Wohl Ihrer Rosen, ab Juli unterbleiben. Nach dem Abhäufeln der Rosenstöcke im Frühjahr oder mit Triebbeginn verwenden Sie am besten einen organischen Dünger. Wenn die erste Blüte nachlässt, etwa Ende Juni, können Sie einen mineralischen Volldünger ausstreuen.

Kompost

Die organischen Gartenabfälle sind wertvolle Rohstoffe, aus denen im Komposthaufen ein nährstoffhaltiger Humusdünger heran-

reift. Wenn Sie Kompost auf den Rosenbeeten ausbringen, wird das Bakterienleben aktiviert, der Boden mit Humus angereichert und die Rose mit Nährstoffen versorgt. Sie fördern damit den biologischen Kreislauf und unterstützen die Gesundheit Ihrer Rosen. Achten Sie aber darauf, dass keine kranken oder von Parasiten befallenen Pflanzenteile auf den Komposthaufen kommen. Ansonsten eignet sich fast alles zum Kompostieren: Rasenschnitt, verblühte Stauden, Reste abgeernteter Gemüsebeete, Rosenschnitt und Blätter können ebenso auf den Komposthaufen wie das Schnittholz aller Gehölze und rohe pflanzliche Küchenabfälle. Reifen Kompost erkennen Sie an seiner dunkelbraunen Farbe. Er ist krümelig und duftet nach Walderde. Wenn die Komposterde zu wenig durchlüftet ist, ist der Geruch allerdings weniger angenehm.

INFO

Handelsüblicher Rosendünger und seine Anwendung

Anwendungsbereiche	Grund- und Nachdüngung für Rosen und Blütensträucher wie Forsythien, Flieder, Jasmin, Schneeball, Goldregen, Spiraea, Prunus, Japanische Quitte sowie für Schling- und Kletterpflanzen	
Aufwandsmenge	**Kultur**	**Düngung in g/m²**
	Rosen, bestehende Pflanzungen	60 im April 60 im Juni 60 im Juli/August
	Neupflanzung Frühjahr	50 im Mai/Juni
	Neupflanzung Herbst	70 im folgenden April/Mai
	Blütensträucher, Schling- und Kletterpflanzen	50 im April 40 im Juni/Juli
Anwendungsform	Ausstreuen von Hand und leicht einarbeiten	

Mulchen

Damit der Boden feucht, locker und frei von Unkraut bleibt, können Sie Mulch ausbringen. Das kann entweder Grasschnitt sein oder Strohhäcksel. Gut geeignet sind auch Laub oder Rindenmulch, den Sie sackweise in Gartencentern kaufen können. Die Mulchdecke bringen Sie am besten im Frühjahr auf – gleich nach dem Abhäufeln der Rosenstöcke. Je nach Material sollte eine Mulchschicht 5 bis 8 cm dick sein. Bevor Sie die Mulchschicht aufbringen, sollten Sie das Unkraut entfernen und den Boden leicht lockern. Aber bitte vorsichtig mit der Hacke umgehen, damit Sie die Wurzeln der Rosen nicht verletzen. Die Mulchdecke schützt zudem die Erde vor dem Auswaschen von Nährstoffen. Im Laufe eines Gartenjahres verrottet die Mulchschicht zu wertvoller Erde. Diese neue Erde wiederum können Sie im Herbst gleich dazu verwenden, die Rosen anzuhäufeln.

> **ÖKO-TIPP**
>
> ### Mulch gegen Unkraut
> Bedecken Sie alle freien Flächen auf den Beeten zwischen den Rosen mit Mulch, d. h. mit einer dicken Kompostschicht. Auch der Grasschnitt und die welken Blätter im Herbst sind geeignet. Aber: Vor dem ersten Mulchen unbedingt noch einmal jäten. Die Mulchschicht kommt auch dem Bodenleben zugute und lockt Regenwürmer an, die für natürliche Lockerung des Bodens sorgen. Die beginnende Verrottung setzt Nährstoffe frei und lässt Sie Dünger sparen.

Rosenkrankheiten

Damit Sie das ganze Jahr Freude an Ihren Schützlingen im Garten haben, müssen Sie natürlich dafür sorgen, dass sie gesund bleiben. Krankheiten oder Schädlinge setzen sich gerne an den Teilen der Rosen fest, die über der Erde liegen. Wenn sie in großen Mengen auftreten, kann das zu empfindlichen Störungen im Wachstum führen. Häufige Niederschläge begünstigen die Ausbreitung von Pilzkrankheiten, während warme und trockene Sommer nicht selten zu einer Massenvermehrung tierischer Schädlinge, besonders von Blattläusen, führen. Viele dieser Krankheiten oder Schädlinge lassen sich leider nur mit Pflanzenschutzmitteln bekämpfen. In Form von Spritz- oder Stäubemitteln können Sie diese im Fachhandel kaufen. Für kleinere Rosenrabatten reichen Sprüh- oder Stäubedosen aus, während Sie für größere Rosenpflanzungen Spritzmittel verwenden müssen. Die beste Tageszeit zum Sprühen oder Spritzen sind die Morgen- oder Abendstunden. Vermeiden Sie auf jeden Fall volle Sonneneinstrahlung! Gestäubt wird vor allem in den

frühen Morgenstunden, da sich das Mittel durch den vorhandenen Tau besser verteilt und dadurch auch besser wirkt. Vorsicht ist bei allen Spritzungen gegen tierische Schädlinge geboten, wenn Gemüse oder Obstkulturen in der Nähe sind. Wenn es denn unbedingt nötig ist, den Schädlingsbefall chemisch zu bekämpfen, sollten Sie zur Sicherheit windstilles Wetter abwarten.

Pilzkrankheiten machen sich durch braune Flecken bemerkbar

Blattfleckenkrankheit

Auf der Blattoberseite bilden sich kleine braune bis blutrote Flecken mit weißem Zentrum. Bei stärkerem Befall finden sich diese Symptome auch an den Trieben und am Blütenstängel. Bekämpft wird in Abständen von zehn bis 14 Tagen. Alle Pilzkrankheiten der Rose können Sie bei richtiger Anwendung der entsprechenden Mittel so in Schach halten, dass sie die Rose nicht ernsthaft gefährden. Ganz ohne Spritzmittel allerdings sind die Krankheiten und auch die Schädlinge auf

die Dauer nicht zu verbannen. Bewusst eingesetztes Spritzen gehört nach wie vor zu den Pflegemaßnahmen, ohne die die Freude an schönen Rosenstöcken nur kurz wäre.

Rosenmehltau

Der Rosenmehltau ist eine Pilzkrankheit, die besonders in warmen, niederschlagsreichen Sommern mit großen Temperaturunterschieden zwischen Tag und Nacht empfindliche Schäden anrichtet. Auf den Blättern, an den Blütenknospen und Trieben bildet sich ein mehliger, weißer Belag. Der Pilz überwintert in den Knospen, infiziert von hier aus alle oberirdischen Teile der Rose und entzieht der Pflanze die Nährstoffe. Die Blätter werden braun, verkrüppeln und fallen schließlich ab – die Blütenorgane verkümmern. Gerade bei Rosenmehltau gilt die Devise: „Vorbeugen ist besser als Heilen". Sie sollten daher schon ab Mitte Mai oder spätestens dann, wenn Sie die ersten Symptome bemerkt haben, alle zwei Wochen bis etwa

Ein mehlig weißer Belag auf den Blättern deutet auf Mehltau hin

Ende September mit einem Rosenmehltau-Bekämpfungsmittel spritzen. Die richtigen Konzentrationen sind immer auf den Packungen angegeben und müssen unbedingt eingehalten werden. Bei starkem Befall müssen Sie öfter spritzen, um ein besseres Ergebnis zu erzielen. Ist das ganze Rosenbeet stark mit Mehltau verseucht, können Sie im Folgejahr durch stärkeren Rückschnitt, gute Pflege und ausreichende Düngung dafür sorgen, dass sich die Rosen wieder erholen und widerstandsfähiger werden. Gehen Sie aber sparsam mit Stickstoffdüngern um, da zu viel Stickstoff das Pflanzengewebe anfälliger für Krankheiten macht.

Rosenrost

Auf der Blattunterseite bilden sich viele gelbe, stecknadelkopfgroße Punkte, sogenannte Sporenlager, mit denen sich der Pilz vermehrt. Die befallenen Blätter vergilben und fallen nach kurzer Zeit ab. Die Sporen überwintern auf dem abgefallenen Laub und befallen von hier aus im nächsten Frühjahr die Rosen. Der Rosenrost wird besonders in

feuchten Sommern zu einem Problem und kann im schlimmsten Fall ganze Rosenbeete vorzeitig entlauben. Die Bekämpfung erfolgt (je nach Mittel) während der Vegetationsruhe oder im zeitigen Frühjahr im Abstand von zehn bis 14 Tagen. Wichtig ist, dass dabei die Blattunterseiten von der Spritzbrühe getroffen werden. Wenn Sie ein Pilzbekämpfungsmittel für Rosen einsetzen, so erübrigt sich eine spezielle Spritzung gegen den Rosenrost.

Sternrußtau

Bei feuchtem Wetter im Spätsommer oder Herbst bilden sich auf den Rosenblättern braun- oder violett-schwarze, gezackte oder sternförmige Flecken. In feuchten Jahren werden auch die Blütenblätter und Jungtriebe befallen. Die Blätter werden gelb und fallen vorzeitig ab. Dadurch wird die Pflanze stark geschwächt, treibt im nächsten Jahr zu schwach und bildet weniger Blütenknospen aus. Sternrußtau bekämpfen Sie am besten mit Fungiziden. Wenn Sie regelmäßig gegen Rosenmehltau spritzen, erübrigt sich eine vorbeugende Behandlung gegen den Sternrußtau. Diese Krankheit ist normalerweise, d.h. bei leichtem Befall, für die Rose nicht sonderlich gefährlich, da sie fast immer erst gegen Ende der Vegetationszeit auftritt. Sie wird aber oft übersehen und kann sich so im nächsten Jahr, wenn der Pilz günstigere Bedingungen vorfindet, schnell ausbreiten und die Rosen schwächen.

Rosenrost: Auf der Blattunterseite befinden sich die Sporenlager, mit denen sich der Pilz vermehrt

Rosenschädlinge

Blattlaus

Bei Blattlausbefall sind die Blätter der Rose verformt oder gekräuselt. Die Triebe und Triebspitzen zeigen Verkrüppelungen und sind deformiert. Die kleinen grünen Läuse sitzen an den Blattunterseiten, an Triebspitzen und Knospen. Die befallenen Pflanzenteile sind oft von einem zuckerhaltigen Film überzogen, dem Honigtau, den die Blattläuse ausscheiden und auf dem sich später Rußtaupilze ansiedeln. Die Blattläuse schädigen durch Saugen. Dabei sondern sie einen für die Pflanze schädlichen Stoff ab, der zu den Verformungen der Blätter und Triebe führt. Die Pflanzen werden bei Massenbefall stark geschwächt. Nach Jahren mit starkem Blattlausbefall und nach milden Wintern beginnen Sie am besten schon im zeitigen Frühjahr mit der Bekämpfung. Gerade bei Blattläusen sollten Sie ab und zu die Mittel wechseln, da sich sonst widerstandsfähige Stämme bilden können. Bei Massenbefall sind Mittel, die von der Pflanze aufgenommen werden, vorzuziehen, da die Blattläuse beim Saugen das Gift mit dem Saftstrom aufnehmen und sterben. Lassen Sie auch hier Vorsicht walten bei angrenzenden Gemüse- oder Obstkulturen und spritzen Sie nur bei Windstille!

Rosenblattrollwespe

Bei den Rosen zeigen sich ab Mai beiderseits der Mittelrippe eingerollte Blätter, hervorgerufen durch die Eiablage von Wespen an den Blatträndern. Die Blätter vergilben und fallen später ab. Hier hilft meist nur noch, die Blattspitzen und alle befallenen Pflanzenteile mit Insektiziden zu behandeln.

Der Marienkäfer ist der natürliche Feind der Blattlaus

Rosenzikade

Die Blätter sind auf der Oberseite weißlich gesprenkelt und sterben bei starkem Befall ab. Auf der Blattunterseite sitzen grünliche oder weißliche Larven und geflügelte Insekten. Besonders gefährdet sind Rosenbeete in heißen, sonnigen Lagen und vor hellen Wänden. Die Zikaden treten im Mai/Juni und mit einer zweiten Generation im August/ September verstärkt auf. Sie werden mit der gleichen Methode wie die Spinnmilben bekämpft (s. u.).

Spinnmilbe (Rote Spinne)

Das Schadbild ähnelt dem der Rosenzikade, mit gelblich weißen Sprenkeln längs der Blattadern. Auf der Blattunterseite sitzen rötliche oder gelbliche Spinnmilben in einem feinen Gespinst. Bei starkem Befall trocknen die Blätter ein und fallen vorzeitig ab. Bekämpft wird sie mit Spinnmilbengift.

ÖKO-TIPP

Natürliches gegen Krankheiten und Schädlinge

Zur Pflanzenpflege im weitesten Sinn gehört auch der Erhalt eines naturgemäßen Ökosystems, z. B. durch biologische Schädlingsbekämpfung. Diese kann mittels Partnerpflanzen oder Nützlingen, beispielsweise Marienkäfern, erfolgen.

Knoblauch & Lavendel: Ameisen, Blattläuse und Blutläuse mögen keinen Lavendel, der Echte Mehltau hasst Knoblauch. Setzen Sie einfach ein paar dieser biologischen „Waffen" zwischen die Rosen – das ist nicht nur wirkungsvoll, sondern sieht in der Kombination auch gut aus. Mit Knoblauch, Salbei oder Thymian können Sie zusätzlich auch die Schnecken vertreiben.

Gallmücken gegen Blattläuse: Es gibt über 850 Blattlausarten, deren Gestalt und Farbe sehr verschiedenartig sein können. Ihre natürlichen Feinde, die Gallmücken, sind dämmerungsaktiv und legen bis zu 100 ihrer winzigen Eier gezielt in der Nähe von Blattläusen ab. Die daraus schlüpfenden Larven beginnen sofort mit dem Aussaugen der Schädlinge. Wenn die Larven nach etwa einer Woche zur Verpuppung in den Boden wandern, hat jede bis zu 50 Blattläuse vertilgt. Nach ein- bis zweiwöchiger Entwicklungszeit schlüpfen neue Gallmücken und beginnen erneut mit der Eiablage.

Florfliegen gegen Blattläuse: Die 10 bis 15 mm große Florfliege, auch Goldauge genannt, fällt durch ihre leuchtend grüne Farbe und ihre netzartig geaderten Flügel auf. Die eigentlichen Nützlinge sind jedoch die bis zu 10 mm großen Larven der Florfliege, die sich hauptsächlich von Blattläusen, aber auch von Spinnmilben und Thrips ernähren. „Einsatzbereite" Florfliegen-Larven können einzeln verpackt gekauft werden. Sie gehen dann – im neuen Zuhause – sofort auf Beutejagd.

Rosenschnitt

Rosenanfängern erscheint das Schneiden der Rosen oft wie ein Buch mit sieben Siegeln. Dabei ist der richtige Rosenschnitt gar nicht so schwer.

Teehybriden

Edelrosen wachsen im Vergleich zu Strauch- und Kletterrosen relativ schwach. Sie bilden weniger große Einzelpflanzen aus. Für den Rückschnitt bedeutet dies, dass er schärfer erfolgen muss. Als Faustregel gilt: Schneiden Sie den jährlichen Neutrieb der Edelrose etwa auf Handbreite zurück. Berücksichtigen Sie aber Wuchsstärke und Zustand des Rosenstocks. Schneiden Sie die schwächeren stärker und die stärkeren Triebe schwächer zurück. Entfernen Sie schwache oder angefrorene Triebe sowie altes, abgestorbenes Holz sofort. Sind

Ihre Rosenbüsche beispielsweise durch die Frosteinwirkung einseitig gewachsen, hilft folgender Gärtnertrick: Entspitzen Sie einfach den Neutrieb an der kahlen Seite nach dem dritten Blatt. Dadurch werden an dieser Stelle noch im gleichen Sommer neue Triebe wachsen, die allerdings erst einige Wochen später Knospen bilden.

Floribunda- und Polyantha-Rosen

Diese Sorten tragen pro Trieb nicht nur eine Blüte, sondern bilden mehrere oder ganze Blütenbüschel. Von Natur aus wachsen sie stärker, d. h. sie müssen nicht so stark zurückgeschnitten werden wie die Edelrosen. Üblicherweise sollten Sie etwa die Hälfte bis zwei Drittel der Neutriebe zurückschneiden. Berücksichtigen

Eine solche Fülle an Blüten erreichen Sie durch richtigen Schnitt, gute Führung der Triebe und Nährstoffzufuhr mit Kompost und Dünger

Richtiger Schnitt: schräg, etwa 5 bis 10 mm über einem nach außen zeigenden Auge

Sie auch hier wieder Wuchsstärke und den jeweiligen Zustand des Rosenstocks.

Leider kommt es bei diesen Sorten oft vor, dass ihre Triebe bis zur Basis erfrieren. Hier müssen Sie gründlich eingreifen: Entfernen Sie die abgestorbenen Teile vollkommen. Gerade bei mehrjährigem Holz ist dabei eine gute Baumsäge oder eine Astschere von Vorteil. Die übrigen Teile können Sie bequem mit der Hand abdrücken. Abgestorbene Triebe erkennen Sie an ihrer braunen bis schwarzen Färbung, kältegeschockte Triebe an den braunen oder braun-grünen Flecken. Schneiden Sie immer bis auf das gesunde, grüne Holz zurück. Überzählige Triebe im Inneren müssen Sie komplett entfernen. Denn zu dichte Rosenbüsche tragen weniger Blüten, da ihnen ausreichendes Licht fehlt.

Entspannen mit Rosenblüten-Tee aus Ihrem Garten

✿ Auszeit

Rosenblütenblätter können frisch oder getrocknet als Teemischungen aufgegossen werden. Sie verbreiten ein wohlduftendes Aroma und fördern die Entspannung. Stellen Sie sich vor: Eine duftende Tasse frischen Rosenblüten-Tee aus Ihrem Garten nach einem anstrengenden Arbeitstag, eine bequeme Couch und ein gutes Buch ...

Je nach Belieben mit Zucker oder Honig süßen.

Tipp: Für die Verarbeitung sollten Rosenblüten stets mit der Schere abgeschnitten werden. Die Rosenblütenblätter dann abzupfen, den Blattansatz mit einer Nagelschere abschneiden. Die Blütenblätter auf Insekten und Schäden kontrollieren. Blütenblätter und ganze Blüten sofort nach dem Schneiden an einem schattigen, warmen Ort dünn ausbreiten und trocknen lassen. Dann in einer gut schließenden Dose aufbewahren und erst bei Gebrauch zerkleinern.

✿ Rosenblüten-Tee mit Minze

Dieser Tee mit Rosenblüten und Minze ist magenfreundlich und fördert die Verdauung. Er ist somit nach einer üppigen Mahlzeit ideal.

Zutaten: 50 g getrocknete Duftrosenblätter, 100 g getrocknete Minzblättchen
Zubereitung: Getrocknete Rosenblüten und Minzblätter mit den Fingerkuppen grob verreiben, vermengen und in einer Teedose aufbewahren. Für eine Tasse Tee je einen Teelöffel der Mischung mit heißem Wasser übergießen, zwei bis drei Minuten ziehen lassen und die Blättchen dann abseihen.

✿ Feiner Rosenblüten-Tee

Zutaten: Zwei Handvoll frische Duftrosenblütenblätter oder eine Handvoll getrocknete Duftrosenblütenblätter
Zubereitung: Die Rosenblütenblätter mit 1 l kochendem Wasser übergießen, zehn Minuten ziehen lassen. Abseihen und in dekorativen Teetassen servieren. Je nach Belieben mit Zucker oder Honig süßen.

Strauch- und Wildrosen

Sowohl Strauch- als auch Wildrosen bilden große, ausladende Büsche, die bereits nach wenigen Jahren bis zu 2,50 m hoch wachsen. Beide haben viele lange und starke Jahrestriebe. Beim Schnitt können Sie sich auf das Auslichten der Büsche beschränken, damit die Rosenpflanzen im Folgejahr wieder kräftig blühen. Ältere Triebe (Faustregel: zwei bis drei Jahre) schneiden Sie entweder direkt am Stock ab oder bis auf das gesunde, junge Holz zurück. Wenn die Triebfreudigkeit zu wünschen übrig lässt, hilft eine Radikalkur. Schneiden Sie die Rosenstöcke stark auf das junge Holz zurück. Eine kräftige Düngergabe tut evtl. auch gut.

Kletterrosen

Bis zu 2 m und mehr wachsen die Kletterrosen jedes Jahr in die Höhe. Ein erwünschtes Wachstum. Kletterrosen brauchen Sie daher nur beim Pflanzen zu schneiden. Die zwei bis vier Triebe der jungen Kletterrose werden dabei um ein Drittel, maximal bis auf die Hälfte gekürzt. Später werden dann nur ältere, stark verholzte Triebe weggeschnitten, um Platz für den Nachwuchs zu schaffen. Die Triebspitzen der Langtriebe sollten Sie nur schwach kürzen. Immer wieder sollten Sie die drei- bis vierjährigen Triebe an der Basis des Rosenstockes entfernen, damit sich die ein- und zweijährigen besser entwickeln können. Achten Sie beim Schnitt auch darauf, dass sich die Triebe fächerförmig ausbreiten können, damit immer wieder neue Verzweigungen entstehen. Daran bilden sich dann reichlich Blüten und Knospen.

Richtiger Schnitt und richtige Führung der Triebe am Rankgerüst sind also Voraussetzung für eine reiche, üppige Blütenpracht.

PFLEGELEICHT-TIPP

Rosenschnitt leicht gemacht

Nur Beetrosen werden jährlich geschnitten. Bei Strauch- und Kletterrosen genügt es, die abgestorbenen Triebe zu entfernen.

- Geschnitten wird grundsätzlich im Frühjahr vor dem Austrieb. Das Schneiden dient der Gesundheit, dem Wachstum neuer Triebe und der Blühkraft.
- Abgestorbene und erfrorene Triebe werden völlig entfernt.
- Geschnitten wird mit einer scharfen Schere etwa 5 mm oberhalb der Triebknospe.
- Die auf ca. eine Handbreit zurückgeschnittenen kräftigen Triebe sollten möglichst eine Trichterform bilden, d. h. nach außen zeigen.
- Je tiefer man einen Trieb herunterschneidet, umso stärker und länger werden die daraus entstehenden neuen Triebe.

Die Triebe der Kletterrose sollten sich fächerförmig ausbreiten können, damit sich viele Blüten bilden

Hochstammrosen

Hochstammrosen schneiden Sie ähnlich wie Teehybriden. Die Vorjahrestriebe werden also auf Handbreite eingekürzt. Die obersten Augen müssen gerade bei den Hochstammrosen immer nach außen zeigen, damit sich die Krone gut ausbilden kann. Vorwitzige Triebe, die aus dem Stamm herausspitzen, schneiden Sie am besten immer sofort.

Wildtriebe entfernen

Edelrosen werden in den Baumschulen auf Wildrosen veredelt. Das macht sie später frosthärter und wuchsfreudiger. Allerdings schlagen die Unterlagen zuweilen wieder aus und können die Edelrose überwachsen, wenn man sie nicht rechtzeitig entfernt.

Wildtriebe unterscheiden sich durch meist kleinere Blätter deutlich von den edlen Zweigen. Wichtig ist, dass Sie sie ganz dicht am Stamm abtrennen, sonst schlagen sie immer wieder aus. Bei Wildtrieben, die aus der Erde kommen, müssen Sie den Wurzeltrieb vor-

sichtig freigraben, um direkt an die Basis des „unerwünschten" Nachwuchses zu kommen.

Der Sommerschnitt

An den verblühten Rosenblüten bilden sich Hagebutten. Bei einmal blühenden Wild- und Heckenrosen ein erwünschter Effekt. Doch bei allen anderen Sorten wünschen Sie sich sicher eine zweite Blüte. Schneiden Sie daher verblühte Köpfe immer gleich ab, damit die Nährstoffe für eine erneute Blütenbildung genutzt werden können.

Überwintern der Rosen

Damit Sie auch im nächsten Jahr noch Freude an Ihren Rosen haben, sollten Sie für den Winter einige Schutzmaßnahmen gegen die Kälte treffen.

Winterschutz bei Buschrosen

Rosen gehören zu den Sträuchern, die besonders empfindlich gegen strenge Fröste

sind. Ab Temperaturen von –10 °C und darunter nehmen zumindest schlecht ausgereifte Triebe Schaden. Der beste Schutz ist das Anhäufeln der Rosenstöcke mit Erde. Wichtig: Die Veredelungsstelle sollten mindestens 15 bis 20 cm unter der Erde liegen. Achten Sie aber darauf, dass Sie zwischen den Pflanzen nicht zu viel Erde wegnehmen, damit die Wurzeln nicht dem Frost ausgesetzt werden. Zu hohe Rosenstöcke sollten Sie etwa um ein Drittel zurückschneiden. Des Weiteren sollten Sie die angehäufelten Rosenstöcke mit Tannenreisig oder Heidekraut abdecken. Das bringt zusätzlichen Schutz, auch vor der Wintersonne – und Sie verhindern damit, dass die Pflanzen vorzeitig austreiben. Torf ist, entgegen früherer Gepflogenheiten, zum Anhäufeln ungeeignet – nicht nur aus ökologischen Gründen. Torf saugt sich mit Wasser voll, das bei Frost gefriert. Die Pflanzen wären dann von einer Eiskruste umgeben, was genau die gegenteilige Wirkung hätte: Die Zweige wären nicht geschützt, sondern würden erfrieren.

INFO

Falscher Winterschutz

Papiersäcke, Plastiktüten und Hüllen aus Ölpapier sind kein geeigneter Winterschutz für die Kronen der Hochstammrosen. In diesen Tüten bildet sich an sonnigen und warmen Tagen eine Art Wärmeglocke, in der Nacht kühlt die Luft unter dieser Hülle genauso tief ab wie die Umgebung. Der Temperaturunterschied ist also wesentlich größer. Dabei kann das Gewebe von Knospen und Trieben zerstört werden. Die Pflanze ist dadurch noch wesentlich anfälliger gegen Frostschäden.

Einwintern von Hochstammrosen

Bei Hochstammrosen ist fachgerechter Winterschutz besonders wichtig, da die Veredelungsstelle frei liegt. Biegen Sie den Stamm vorsichtig um und häufeln Sie das Kronenteil mit Erde an. Um die Krone am Boden zu halten, nehmen Sie Haltehaken aus Weide oder Metall. Den Stamm entweder mit Erde bedecken oder mit Tannenreisig oder Packpapier umwickeln. Kronen von Stammrosen, die sich nicht mehr biegen lassen, ummanteln Sie mit einer Hülle aus Tannenreisig. Zwischenräume füllen Sie mit Stroh oder Papier. Dann binden Sie die Frostschutzhülle mit einer Schnur zusammen.

Kletterrosen im Winter

Winterschutz bei Kletterrosen

Kletterrosen sind widerstandsfähiger als Beet- oder Hochstammrosen. In extrem kalten Wintern oder an frostgefährdeten Stellen sollten Sie aber auch Kletterrosen winterfest machen. Ein oder zwei Pflanzen lassen sich relativ einfach mit Tannenreisig oder Stroh- bzw. Schilfmatten abdecken.

Schwieriger wird es bei großen Rosenhecken. Hier können Sie die Austriebstellen nur etwa 20 bis 25 cm hoch anhäufeln. Erfrieren einige der ungeschützten Triebe im Winter, wird die Rose dennoch an den durch die Erde geschützten Trieben austreiben.

Winterschutz bei Rosen auf Balkonen und in Kübeln

Der beste Schutz ist das Einwintern von Kästen und Kübeln im Keller oder in einem frostsicheren Raum im Haus. Die Keller vieler Neubauwohnungen oder Reihenhäuser sind allerdings leider häufig nicht groß und hell genug. Auch sind sie durch die Installationen der Zentralheizungen meist viel zu warm. Müssen Ihre Kübelrosen wegen Platzmangels also draußen überwintern, sollten Sie unbedingt einen windgeschützten Platz suchen. Auch bei Kübelpflanzen schützt vor Eis und Schnee am besten eine dicke Schicht Tannenreisig, die rundum gut mit Schnüren befestigt wird. Zusätzlich sollten Sie die verbleibenden Lücken mit Stroh oder Papier ausfüllen und das Ganze mit einem stärkeren luftdurchlässigen Gewebe umhüllen. Etwa Anfang bis Mitte März, wenn die starke Frostgefahr vorbei ist, sollten Sie Ihre Rosen aus dem Winterschlaf befreien. Bleibt die Winterschutzschicht nämlich zu lange an der Pflanze, besteht die Gefahr, dass die jungen Triebe vergilben und beim ersten kräftigeren Sonnenschein verbrennen.

Rosen selbst vermehren

Gute Sorten aus eigener Anzucht

Rosen gehören seit mehr als 2.000 Jahren zu den Kulturpflanzen. So nutzten schon die Römer Rosen zur Dekoration ihrer Liegestätten und statt Champagner ließen die siegreichen Krieger Rosenblüten regnen. Bis heute haben sich alte botanische Rosen gehalten. Hinzu kam eine Fülle an Hybriden und neuen Züchtungen.

Botanische Rosen sind natürliche Wildformen, die wild wachsen oder aus fernen Ländern mitgebracht wurden. Die Hundsrose (*Rosa canina*), die Kartoffelrose (*R. rugosa*) und die Bibernellrose (*R. pimpinellifolia*) gehören dazu. (s. S. 65 f.) Aus China kam die *Rosa chinensis* (s. S. 70 f.) und aus Nordame-

Blüte einer Hundsrose (*Rosa canina*)

rika wurde die *Rosa virginiana* (s. S. 71 f.) importiert. Durch Kreuzung zwischen europäischen, chinesischen und anderen Wild-

rosen entstanden Hybriden, die wiederum gezielt durch Selektion und Kreuzung weiter vermehrt wurden. Heute umfasst das Rosenreich eine Fülle an Wildformen, natürlichen Kreuzungen und gärtnerischen Züchtungen. Jedes Jahr kommen neue Sorten hinzu. Alte Rosen lassen sich kaum in ein strenges Schema einordnen. Wirklich alt sind nur die Wildrosen. Ein stattliches Alter haben auch viele Kulturformen erreicht, deren geschichtliche Wurzeln in den Wildrosen zu finden sind. Etliche Jahre stehen aber auch die modernen Rosen schon in den Gärten.

Bekannte Edelrosen, wie die „Gloria Dei", die „Super Star" oder die „Sutter's Gold", die heute noch erhältlich sind, wurden bereits vor mehr als 40 Jahren von Züchtern erzeugt. Hinzu kommen die sogenannten Englischen Rosen, die noch verhältnismäßig jung sind, allerdings nach dem Vorbild alter Kulturrosen gezüchtet werden.

Aus der Fülle schöpfen

Alte Rosenfreunde oder junge Gartenbesitzer, die Rosen kultivieren möchten, haben die Qual der Wahl. Der beschränkte Platz im Garten lässt nur eine kleine Auswahl zu. Es lohnt sich deshalb, vor der Rosenpflanzung gut sortierte Sichtungsgärten zu besuchen, und zwar zur Blütezeit, wenn die Eigenschaften deutlich erkennbar sind. Mithilfe der Etiketten ist dann die Bestimmung und schließlich Beschaffung der ausgewählten Rosen möglich. Die kultivierten Sorten gibt es in regionalen Baumschulen oder im Versandhandel. Namhafte Rosenzüchter liefern Kataloge, die eine Fülle an Sorten enthalten. Die veredelten Jungpflanzen sind recht preisgünstig zu bekommen, sodass eigene Vermehrungsversuche kaum lohnenswert sind. Es dauert einige Jahre, bis die selbst veredelten Okulanten kräftige, blühfähige Büsche

bilden. Dennoch ist die Vermehrung eigener Rosen natürlich möglich und unter Umständen nötig, etwa wenn im Garten vorhandene und vermehrungswürdige Rosenstöcke stehen, die es nicht zu kaufen gibt.

Rosen gibt es in den verschiedensten Farben und Formen

Eine einfache Veredelungsmethode

Die Okulation ist eine typische Sommer-Veredelungstechnik. Sie dient insbesondere zur Vermehrung von Obstgehölzen und Edelrosen, die im Akkord in großer Stückzahl gewonnen werden. Einzelne Exemplare können Sie aber auch zu Hause mit dieser Methode selbst ziehen. Sie brauchen dazu nur einige Wildrosensämlinge und frische Triebe einer ausgewählten Edelrosen-Sorte. Wildrosensämlinge sind gelegentlich im Garten oder an Wegrändern zu finden.

Edelreiser schneiden

Der Vorteil der Okulation ist, dass die Edelreiser unverzüglich vor der Aktion (etwa von Ende Juni bis Anfang August) geschnitten werden können. Es bedarf keiner Lagerung. Als Mutterpflanzen dienen ausgewählte Rosenbüsche, die offensichtlich gesund sind und besondere Blüten tragen. Auch dazu ist die Zeit günstig, zumal die Edelrosen im Sommer blühen. Die Reiser, also kräftige Triebe, die sich in diesem Sommer entwickelt haben, werden in ein feuchtes Tuch eingeschlagen und unverzüglich an den Ort der Veredelung transportiert. Die ausgewählte Unterlage, also der junge Rosensämling, bekommt nun ein Auge von diesem Edeltrieb eingesetzt. Dazu

Der T-Schnitt wird mit einem speziellen Okuliermesser an der Veredelungsunterlage durchgeführt

wird der Trieb zunächst entblättert und von den Stacheln befreit. Für alle Schneidarbeiten ist ein gut geschärftes Messer, am besten ein spezielles Okuliermesser, nötig.

PFLEGELEICHT-TIPP

Auf Wildrosen veredeln

Als Veredelungs-Unterlagen eignen sich nur die Jungpflanzen der Hagebuttenrose *(Rosa canina)*. Die Vermehrung durch Aussaat ist möglich, aber sehr langwierig, zumal die Hagebuttensamen eine lange Keimzeit haben. Die Wildrosen-Sämlinge sollten etwa Bleistiftstärke haben. Im Juli werden sie dann zum Veredeln vorbereitet.

Die Augen, also Knospen, sitzen jeweils in einer Blattachsel. Sie werden so vom Trieb abgetrennt, dass ein kleiner Rindenanteil erhalten bleibt. Das gelingt, indem das Messer flach angelegt und durchgezogen wird. Schon vorher wurde die Unterlage, also die zu veredelnde Wildrose, vorbereitet. Und zwar wurde an einer passenden Veredelungsstelle die Rinde T-förmig eingeschnitten und mit dem Messerrücken oder einem speziellen Rindenlöser vorsichtig vom Holz gelöst. Das geschnittene Edelauge lässt sich nun hinter die Rindenlappen einschieben. Das muss ohne Berührung der Schnittstellen geschehen! Nach dem Verbinden mit einem Veredelungsgummi oder auch mit Bast und Baumwachs wachsen mit etwas Glück beide Partner zusammen. Natürlich verbessern sich die Anwachschancen, wenn mehrere Augen eingesetzt werden. Schon nach etwa drei bis vier Wochen ist zu sehen, ob sich das Edelauge mit der Unterlage verbunden hat. Wenn das Blattschildchen abfällt und die Knospe

Nun heißt es warten: Nach ungefähr drei bis vier Wochen zeigt sich, ob die Augen angewachsen sind

Den Sommer nutzen

Die Veredelungszeit im Sommer macht eine gezielte Auswahl guter Sorten möglich, zumal die Rosen in voller Blüte stehen. So ist etwa erkennbar, ob die Blüten duften, ob sie lange halten, ob die Pflanzen gesund und wüchsig sind.

grün bleibt, ist das Auge angewachsen. Wenn es schwarz wird, ist die Veredelung misslungen. Dann kann aber noch nachveredelt werden.

Edelreiser sind gelegentlich auch in öffentlichen Rosensichtungsgärten zu bekommen. Die Gärtner müssen die verblühten Triebe ohnehin regelmäßig ausschneiden. Auf Anfrage sind solche Triebe erhältlich. Sie eignen sich vorzüglich zum Okulieren.

Behandlung der jungen Okulanten
Der Austrieb aus der Veredelungsstelle erfolgt manchmal noch im selben Sommer oder erst im nächsten Frühjahr. Die Veredelungen sind frostempfindlich und brauchen einen Schutz.

INFO

Materialliste

- Wildrosensämlinge
- frische Triebe einer Edelrose
- Bast und Baumwachs oder Veredelungsgummis
- Veredelungsmesser

In den Rosenschulen werden die Reihen mit Erde angehäufelt. Einzelne Pflanzen im eigenen Garten kommen unter einer Laubschüttung gesund durch den Winter. Im Frühjahr des nächsten Jahres werden die jungen Edelrosen nach dem Abhäufeln direkt über der Veredelungsstelle abgeschnitten. Nach diesem sogenannten Abwildern kommt die ganze Kraft der Wurzeln den edlen Augen zugute. Sie treiben kräftig aus und bringen schon im Sommer die ersten Blüten hervor. Die Pflanzen entwickeln sich zunehmend buschiger, wenn die noch schwachen Edeltriebe eingekürzt werden und jeweils im Spätwinter einen starken Rückschnitt erhalten.

Stecklingsvermehrung

Rosen sind wie andere Laubgehölze auch durch Stecklinge vermehrbar. Das kann bereits Ende Juni geschehen. Dann haben sie bereits den Hauptjahreszuwachs vollendet. Es zeichnen sich schon elastische, aber noch nicht verholzte Jahrestriebe ab, die als Stecklingsmaterial gut geeignet sind. Die noch weichen Triebspitzen werden einfach abgetrennt. Sie würden im Anzuchtsubstrat welken. Die brauchbaren Triebstücke lassen sich zu Stecklingen verarbeiten. Das geschieht mithilfe einer scharfen Schere und einem geschliffenen Gärtnermesser. Und zwar werden die Triebe auf etwa 10 cm lange Stücke zugeschnitten. Jeder dieser Stecklinge bekommt unten an einer Knospe einen schrägen Anschnitt. Die Blätter im unteren Drittel werden weggeschnitten. Sie würden im Anzuchtsubstrat verfaulen. Von den übrigen Blättern empfiehlt es sich, einen Teil zu entfernen. Das vermindert die Verdunstung und ermöglicht einen geringeren Abstand zwischen den Stecklingen. Dennoch bleibt noch genügend Blattsubstanz, die zur Wurzelbildung nötig ist. Die Stecklinge brauchen ein beständig warmes, helles Klima mit hoher Luftfeuchte. Günstige Bedingungen bietet eine Minigewächshaus auf einer Fensterbank. Zur Förderung der Anwachsquoten kann ein Bewurzelungsmittel nützlich sein. Solche Produkte gibt es in Pulverform im Fachhandel. Es dauert etwa sechs bis acht Wochen, bis sich die ersten Faserwurzeln entwickeln. Bewurzelte Jungpflanzen bleiben im Winter noch in einem geschützten Quartier. Die Pflanzung ins Freiland erfolgt erst im nächsten Frühjahr. Rosen aus Stecklingen sind frostempfindlicher als veredelte Pflanzen. Deshalb ist diese Vermehrungsmethode in den Gartenbaubetrieben nicht gebräuchlich. Sie beschränkt sich nur auf Topfrosen, die im Haus überwintern.

> **PFLEGELEICHT-TIPP**
>
> ### Rosenveredelung auf Anfrage
> Übrigens können Sie auch Rosen veredeln lassen, wenn Sie mit dieser Vermehrungsmethode nicht vertraut sind. Manchmal führen Rosen- oder Baumschulen auf Anfrage für einen geringen Unkostenbeitrag Veredelungen durch. Sie brauchen dazu nur frische Reiser der gewünschten Rosensorten.

Wildrosen vermehren

Die Vermehrung von Wildrosen erfolgt in der Natur durch Singvögel. Sie verspeisen die reifen Hagebutten im Winter, wenn das Angebot an anderen Früchten weniger wird und scheiden die Samen mit dem Kot aus. Nach dieser natürlichen „Behandlung" gehen die Keimlinge manchmal schon im folgenden Frühjahr auf.

Die gezielte Aussaat von Hand ist langwierig. Zunächst müssen die Hagebutten geerntet werden, sobald sie reif sind. Nach dem Entfernen des Fruchtfleisches, das sich für Hagebuttenmarmelade eignet, brauchen die feinen Samen eine Zwischenlagerung in feuchtem Sand. Zum Einschichten dienen gewöhnliche

Töpfe oder Kisten. Die Aufbewahrung erfolgt in einem kühlen Keller. Während dieser sogenannten Stratifikation, die über ein Jahr dauert, werden keimungshemmende Stoffe abgebaut. Im zweiten Frühjahr nach der Ernte sind die vorbehandelten Samen dann für die Aussaat bereit. Dazu kommen sie etwa 2 cm tief in Töpfe oder direkt in ein vorbereitetes Gartenbeet. Nach der Keimung ist eine Weiterbehandlung wie bei anderen Gehölzen nötig. Insbesondere sind die Sämlinge zu vereinzeln, sobald sie nach den Keimblättchen die ersten richtigen Blätter gebildet haben.

Auswahl der Sorten

Die Aussaat von Wildrosen für den eigenen Garten lohnt sich nur bei besonderen Arten, von denen keine Sämlinge zu finden sind. Dazu muss bis zur Fruchtreife gewartet werden. Verschiedene, vermehrungswürdige Wildrosen gedeihen gelegentlich in öffentlichen Anlagen oder im eigenen Garten. Es

Vermehrungswürdige Edelrosen findet man entweder im eigenen Garten oder in öffentlichen Anlagen

schadet ihnen nicht, wenn einige Früchte abgeerntet werden, zumal diese früher oder später den Vögeln zum Opfer fallen oder von selbst auf dem Boden landen. Gewöhnliche Hundsrosen (*Rosa canina*) gehen gelegentlich in Gartenbeeten, in Hecken oder sogar in Rasenrändern auf. Hier lassen sie sich im Herbst oder im Frühjahr ausgraben und an einen anderen passenden Ort umsetzen. Es dauert einige Jahre, bis sie sich zur blühfähigen und fruchtenden Exemplaren entwickeln.

Wildrosen als Veredelungsunterlage

Wildrosen, insbesondere Hundsrosen und Vielblütige Rosen, dienen übrigens auch als Veredelungunterlagen für alle Edelrosen-Sorten, einschließlich der Beetrosen, der Strauchrosen und der Kletterrosen. Sie lassen sich auch für Rosenbäumchen nutzen. Dazu werden sie eintriebig gezogen, sodass sie kräftige Stämmchen bilden. Sobald diese Wildrosenstämmchen die gewünschte Höhe erreicht haben, erfolgt im Sommer die Veredelung durch Okulation. Dabei werden in jedes Wildrosen-Stämmchen mehrere „Augen" (Knospen) einer ausgewählten Edelrose eingesetzt. Sie bilden dann nach dem Anwachsen eine buschige Krone. Alle Rosenstämmchen, aber auch sämtliche Edelrosen im Garten, sind auf Wildrosen veredelt.

Wildtriebe entfernen

Es kommt immer wieder vor, dass die Veredelungs-Unterlagen Wildtriebe hervorbringen. Solche Triebe sind deutlich an den typischen kleinen Blättchen erkennbar. Sie müssen unverzüglich und möglichst gründlich entfernt werden, sonst überwuchern sie die edlen Rosen und machen sich selbstständig. Allerdings können sie auch erhalten bleiben, wenn statt einer kümmerlichen Edelrose lieber die wilde Veredelungsunterlage wachsen soll.

Pflanzenkunde
von A bis Z

Blumen mit Tradition

Rosen gehören zu den ältesten und sicherlich auch zu den edelsten Blumen der Welt. Die kaiserlichen Gärten Chinas waren vermutlich bereits vor über 5.000 Jahren mit Rosen geschmückt. Erst um das Jahr 1700 gelangten die ersten Rosensorten von Asien nach Europa. Die Teerosen waren seinerzeit besonders beliebt, und auch die Bengalrosen wurden hoch geschätzt.

Nachfrage führte zu Züchtung

Die Nachfrage war rege – und so begann man im Abendland, die Rose zu züchten. Das Sortiment entwickelte sich rasch und es entstanden immer wieder neue Rosen in den unterschiedlichsten Farben, gefüllt oder nicht gefüllt blühend, stark duftend oder auch fast ohne eigenen Duft.

Verwirrende Klassifizierung

Auf den ersten Blick verwirrt die Klassifizierung der Rosen in Polyantha-Hybriden, Polyantha-Rosen, Floribunda-Rosen, Edelrosen, Teehybriden, Trauerrosen, Strauchrosen, Duftrosen, Wildrosen, Alte, Moderne und viele andere mehr. Der „Verein Deutscher Rosenfreunde" hat eine vereinfachte Kategorisierung gewählt: Beetrosen, Edelrosen, Strauchrosen, Kletterrosen, Zwergrosen und Bodendeckende.

Rosenvielfalt

Die Gartenrosen, die heute im Handel sind, sind das Produkt einer langen und vielfältigen Entwicklung. Die „Mutter aller Sorten" ist die Wildrose. Durch natürliche Mutationen, natürliche und künstliche Kreuzungen kam es im Laufe der Zeit zu einer atemberaubenden Vielfalt. Ungefähr 30.000 Rosensorten werden heute gezählt. Die Züchter waren erfolgreich. Inzwischen gibt es sogar Rosen, die nach der Hauptblüte noch ein zweites und drittes Mal aufblühen. An solchen Sorten

Die Rose ist eine der ältesten Blumen der Welt. Die edle Pflanze schmückte wahrscheinlich bereits vor mehr als 5.000 Jahren den Garten des Kaisers von China

können Sie sich lange Zeit erfreuen, von Juni bis in den November hinein. Schöne, widerstandsfähige Beetrosen bekommen Sie bereits ab etwa ein bis zwei Euro in Gartencentern oder Einkaufszentren. Die wirklichen „Königinnen" kaufen Sie am besten bei renommierten Züchtern, die Sie auch beraten.

Beetrosen

Bonica 82®

Züchter: Meilland, 1981
Blütenfarbe: lachs- bis intensiv zartrosa
Blühdauer: dauerblühend
Blütengröße: 6 bis 8 cm, in Büscheln zu
5 bis 10 Blüten
Blütenform: gefüllt, etwa 25 bis 30 Petalen,
offene Mitte
Knospe: rundlich, kräftig, intensiv rosa
Wuchs: mittelstark, breitbuschig, locker
verzweigt
Laub: mittelgroß, dunkelgrün, glänzend
Gesundheit: sehr robust
Winterhärte: sehr frosthart
Kategorie: Moderne Rosen
Klasse: Floribunda, Bodendecker
Auszeichnung: ADR 1982
Anbieter: Schultheis, Rosen Tantau,
Rosen Union, Ingwer J. Jensen,
BKN Strobel
Duft: nein
Höhe: 40 bis 60 cm
Breite: 40 cm

Burgund®

Züchter: Kordes, 1981
Blütenfarbe: samtig dunkel-blutrot
Blühdauer: öfter blühend
Blütengröße: 10 bis 11 cm
Blütenform: stark gefüllt
Knospe: groß, rundlich, spiralig öffnend
Wuchs: locker verzweigt, langstielig
Laub: mittelgroß, zunächst rötlich, später
dunkelgrün
Gesundheit: robust
Winterhärte: sehr frosthart
Kategorie: Moderne Rose
Klasse: Teehybride
Auszeichnung: keine
Anbieter: Kordes, Gartencenter
Duft: sehr intensiv
Höhe: 60 bis 80 cm
Breite: 60 bis 80 cm

Chardony®

Züchter: McGredy, Jahr unbekannt
Blütenfarbe: gelborange
Blühdauer: öfter blühend
Blütengröße: 10 bis 12 cm
Knospe: groß, hoch gebaut, orange

ÖKO-TIPP

Robuste Sorten wählen

Alle Rosen-Züchtungen sind mehr oder weniger anfällig für Schädlinge und Krankheiten und sie unterscheiden sich auch hinsichtlich der Frosthärte. Es lohnt sich zunächst mit solchen Sorten zu beginnen, die für das Klima in der Region gut geeignet sind. Regionale Baumschulen und Rosenzüchter empfehlen vorzugsweise solche Sorten, die sich bewährt haben. Gute Tipps können auch Nachbarn geben, die bereits Kenntnisse mit eigenen Rosen gesammelt haben. Gesunde Sorten ersparen die Behandlung mit Spritzmitteln.

Wuchs: kompakter Strauch
Laub: mittelgroß, dunkelgrün, glänzend
Gesundheit: robust
Winterhärte: sehr frosthart
Kategorie: Moderne Rosen
Klasse: Teehybride
Auszeichnung: keine
Anbieter: McGredy
Duft: leicht
Höhe: bis 50 cm
Breite: bis 50 cm

Edelweiß®

Züchter: Poulsen, 1969
Blütenfarbe: weiß (cremeweiß mit gelblicher Mitte)
Blühdauer: öfter blühend
Blütengröße: 6 bis 8 cm, in Büscheln zu 5 bis 10 Blüten
Blütenform: gefüllt, etwa 30 bis 40 Petalen, offene Mitte
Knospe: rundlich, eiförmig
Wuchs: mittelstark, gedrungen, verzweigt
Laub: mittelgroß, dicht, dunkelgrün, glänzend
Gesundheit: normal

Winterhärte: frosthart
Kategorie: Moderne Rosen
Klasse: Floribunda
Auszeichnung: ADR 1970
Anbieter: Rosen Union, BKN Strobel,
Rosen Tantau
Duft: leicht
Höhe: 40 bis 50 cm
Breite: 45 cm

Escapade

Züchter: Harkness, 1967
Blütenfarbe: zart lila-rosa (zur Mitte hin fast
weiß), gut sichtbare goldgelbe Staubfäden
Blühdauer: öfter blühend
Blütengröße: in dichten Büscheln,
etwa 8 cm groß
Blütenform: mittelgroße, halbgefüllte
Blütenschalen
Knospe: klein, karminrot
Wuchs: dicht, strauchig, Triebe straff
aufrecht
Laub: dicht, mittelgrün, glänzend
Gesundheit: sehr robust
Winterhärte: frosthart
Kategorie: Moderne Rosen
Klasse: Floribunda
Auszeichnung: ADR 1973
Anbieter: BKN Strobel, Rosen Tantau
Duft: leicht, frisch, lieblich
Höhe: 80 bis 120 cm
Breite: 65 cm

Friesia®

Züchter: Kordes, 1973
Blütenfarbe: gelb (intensiv goldgelb,
aufhellend)
Blühdauer: dauerblühend
Blütengröße: 6 bis 8 cm, in Büscheln zu
10 bis 20 Blüten
Blütenform: halbgefüllt, etwa 20 bis
25 Petalen
Knospe: länglich, eiförmig
Wuchs: mittelstark, verzweigt, schnell
nachtreibend
Laub: mittelgroß, mittelgrün, glänzend
Gesundheit: sehr robust
Winterhärte: sehr frosthart
Kategorie: Moderne Rosen
Klasse: Floribunda
Auszeichnung: ADR 1973
Anbieter: Rosen Union, BKN Strobel,
Rosen Tantau, Schultheis, Ingwer J. Jensen
Duft: intensiv
Höhe: 40 bis 60 cm
Breite: 50 cm

INFO

„Rosen-Sprache"

Den Laien werden einige Begriffe
sicherlich irritieren, wie etwa die
Unterscheidung zwischen „frosthart"
und „sehr frosthart", oder wenn es
heißt „Gesundheit: normal". In der
Übersetzung bedeutet dies: frosthart = verträgt Temperaturen bis
–5 °C; sehr frosthart = verträgt Temperaturen bis –15 °C; Gesundheit:
normal = die Rose ist weder besonders empfindlich noch besonders
resistent; sie benötigt aber keine über
das Übliche hinausgehende Pflege,
um sich normal zu entwickeln.

Holstentor®

Züchter: Meilland, 1990
Blütenfarbe: lachs (lachsrosa, aufhellend)
Blühdauer: öfter blühend
Blütengröße: 6 bis 8 cm, einzeln und in Büscheln
Blütenform: stark gefüllt, 25 bis 30 Petalen, schalenförmig Knospe: rundlich, spiralig öffnend
Wuchs: mäßig stark, breitbuschig, gut verzweigt
Laub: groß, dunkelgrün, ledrig
Gesundheit: sehr robust
Winterhärte: frosthart
Kategorie: Moderne Rosen
Klasse: Floribunda
Auszeichnung: keine
Anbieter: BKN Strobel
Duft: nein
Höhe: 50 bis 70 cm
Breite: 70 cm

ÖKO-TIPP

Augen auf beim Rosenkauf

ADR heißt das Prüfsiegel, auf das Sie sich beim Rosenkauf verlassen können. Nur wer die härteste Rosenprüfung der Welt erfolgreich absolviert hat, darf das Gütesiegel „Anerkannte Deutsche Rose" führen. Diese Rosen mussten sich in speziellen Prüfgärten unter unterschiedlichsten Klima- und Bodenbedingungen bewähren. Nur die Neuzüchtungen, die ohne den Einsatz von Pflanzenschutzmitteln den ganzen dreijährigen Test gesund überstanden und so ihre Widerstandskraft unter Beweis gestellt haben, erhalten das begehrte Prüfsiegel.

Lilly Marleen®

Züchter: Kordes, 1959
Blütenfarbe: samtig, intensives Dunkelrot mit besonderer Leuchtkraft
Blühdauer: dauerblühend
Blütengröße: 15 cm, Blüten in Büscheln
Blütenform: große, locker gefüllte Blütenschalen
Knospe: stumpfkegelig, blutrot
Wuchs: stark, buschig, gut verzweigt und bestachelt
Laub: dicht stehend, mittelgroß, im Austrieb rötlich, später mattgrün
Gesundheit: normal, leicht anfällig für Sternrußtau
Winterhärte: sehr frosthart
Kategorie: Moderne Rosen
Klasse: Floribunda
Auszeichnung: ADR 1959
Anbieter: Kordes, BKN Strobel, Schultheis
Duft: sehr leicht
Höhe: 50 bis 70 cm
Breite: 60 cm

Rosendüfte

✿ In einem Meer aus Rosen baden ...

Rosenwasser, Rosen-Badeöl und Rosencreme lassen sich einfach selber herstellen. Fehlende Zutaten bekommen Sie in der Apotheke oder im Reformhaus. Abgefüllt in dekorative Flakons sind diese selbst hergestellten Kosmetika auch schöne, individuelle Geschenkideen.

in Apotheken erhältlich), 2,5 bis 5 ml ätherisches Rosenöl, ggf. einige Tropfen Lebensmittelfarbe.

Zubereitung: Die Zutaten gut mit einem Rührgerät verrühren. Dabei das Fluid Lecithin Super unter Rühren langsam in das Öl tropfen. Ätherisches Rosenöl und ggf. Farbe hinzufügen und in eine dekorative und gut verschließbare Flasche füllen.

✿ Rosenwasser

Zutaten: 1/2 Tasse frische dunkelrote Rosenblätter (ungespritzt), 10 Tropfen Rosenöl, 2 Tassen destilliertes Wasser, 1/2 Tasse Wodka.
Zubereitung: Wasser in eine gereinigte Flasche gießen, Wodka dazufüllen. Rosenblätter hineingeben und mit der Flüssigkeit vermengen. Rosenöl hineinträufeln, die Flasche verschließen, eine Woche an einem kühlen und dunklen Ort stehen lassen.

✿ Rosen-Badeöl

Grundrezept Badeöl: 80 ml Pflanzenöl nach Wahl (z. B. Mandel-, Distel-, Avocado- oder Olivenöl), 10 ml Fluid Lecithin Super (Emulgator,

✿ Rosencreme

Zutaten: 15 g Bienenwachs, 45 g Lanolin Anhydrid (Apotheke), 125 ml Weizenkeimöl (Reformhaus), 125 ml Rosenblütenwasser, 3 Tropfen ätherisches Rosenöl.
Zubereitung: Das Bienenwachs und das Lanolin in einem Wasserbad schmelzen. Geben Sie langsam das Weizenkeimöl hinzu. Sobald diese Mischung eine Temperatur von ca. 70 °C erreicht hat, tropfen Sie das Rosenblütenwasser hinzu. Rühren Sie alles gut um und lassen Sie die Mischung gut abkühlen. Sobald die Creme unter 30 °C abgekühlt ist, geben Sie drei Tropfen des ätherischen Rosenöls hinzu. Rühren Sie die Creme noch einmal sanft durch und geben Sie alles in ein gut verschließbares Gefäß.

Polarstern®

Züchter: M. Tantau, 1982
Blütenfarbe: weiß
Blühdauer: dauerblühend
Blütengröße: 9 bis 11 cm
Blüteform: stark gefüllt
Knospe: groß, schlank-kegelförmig,
grünlich weiß
Wuchs: dicht, strauchig, Triebe straff
aufwärts
Laub: groß, dunkelgrün, glänzend
Gesundheit: robust
Winterhärte: sehr gut
Kategorie: Moderne Rose
Klasse: Teehybride
Auszeichnung: keine
Anbieter: Tantau, Gartencenter
Duft: angenehm
Höhe: 80 bis 100 cm
Breite: 60 bis 80 cm

Edelrosen

Aachener Dom®

Züchter: Meilland, 1982
Blütenfarbe: lachsrosa (intensiv lachs-
bis hellsilbrig)
Blühdauer: öfter blühend
Blütengröße: 10 bis 12 cm, einzeln
Blütenform: dicht gefüllt, ca. 30 bis
40 Petalen
Knospe: groß, dick, rundlich
Wuchs: sehr stark aufrecht, dicht,
breitbuschig
Laub: groß, dicht, dunkelgrün,
glänzend
Gesundheit: sehr robust
Winterhärte: sehr frosthart
Kategorie: Moderne Rosen

Klasse: Teehybride
Auszeichnung: ADR 1982
Anbieter: Rosen Union, BKN Strobel
Duft: aromatisch
Höhe: 60 bis 80 (100) cm
Breite: 40 cm

Banzai 83®

Züchter: Meilland, 1983
Blütenfarbe: gelb (goldgelb, orange überzogen)
Blühdauer: öfter blühend
Blütengröße: 8 bis 10 cm, meist einzeln
Blütenform: gefüllte Blüte, mit etwa 35 bis 40 Petalen
Knospe: spitz, kugelförmig
Wuchs: stark, aufrecht, breitbuschig, gut verzweigt
Laub: mittelgroß, dunkelgrün, glänzend
Gesundheit: sehr robust
Winterhärte: frosthart
Kategorie: Moderne Rosen
Klasse: Teehybride
Auszeichnung: ADR 1985
Anbieter: BKN Strobel, Schultheis
Duft: aromatisch
Höhe: 60 bis 90 cm
Breite: 40 cm

Christoph Columbus®

Züchter: Meilland, 1992
Blütenfarbe: lachs (kupfer-lachsrot, aufhellend)
Blühdauer: öfter blühend
Blütengröße: 10 bis 12 cm, einzeln
Blütenform: stark gefüllt, mit etwa 35 bis 40 Petalen
Knospe: spitzkugelförmig, langsam öffnend

Wuchs: stark, aufrecht, breitbuschig
Laub: dicht, groß, dunkelgrün, glänzend
Gesundheit: robust
Winterhärte: frosthart
Kategorie: Moderne Rosen
Klasse: Teehybride
Auszeichnung: keine
Anbieter: BKN Strobel
Duft: nein
Höhe: 60 bis 80 cm
Breite: 60 cm

Gloria Dei

Züchter: Meilland, 1945
Blütenfarbe: gelb (zartgelbrosa überhaucht)
Blühdauer: dauerblühend
Blütengröße: 12 bis 14 cm, einzeln oder mehrere
Blütenform: stark gefüllt, mit etwa 40 bis 50 Petalen

PFLEGELEICHT-TIPP

Veredelung selbst gemacht

Für eigene Okulationen ist die beste Zeit der Juli. Sie benötigen einen Trieb der edlen Sorte und eine junge Wildrose. Zuerst entblättern und entdornen Sie den Zweig. Dann wird die Knospe mit Rindenanteil (Edelauge) abgetrennt und in einem T-förmigen Einschnitt hinter die Rinde der Wildrose gesetzt. Die Veredelungsstelle ist dann mit einem Gummiband oder Wollfaden und Baumwachs zu versiegeln. Wenn alles geklappt hat, wächst die Veredelung in wenigen Wochen an, was man am Austrieb der Knospe deutlich erkennen kann.

Knospe: dick, breit, kegelförmig
Wuchs: sehr stark, dicht, breitbuschig, verzweigt
Laub: sehr groß, dicht, dunkelgrün, glänzend
Gesundheit: robust
Winterhärte: frosthart
Kategorie: Alte Rosen
Klasse: Teehybride
Auszeichnung: keine
Anbieter: Rosen Tantau, Rosen Union, Ingwer J. Jensen, Schultheis
Duft: schwach
Höhe: 80 bis 100 cm
Breite: 45 cm

Madonna®

Züchter: Meilland, 1992
Blütenfarbe: rosa (zartrosa, außen cremeweiß)
Blühdauer: öfter blühend
Blütengröße: 9 bis 11 cm, einzeln
Blütenform: stark gefüllt, etwa 30 bis 35 Petalen, edel

Knospe: edel
Wuchs: stark, verzweigt, buschig
Laub: groß, dunkelgrün, ledrig
Gesundheit: pflegebedürftig
Winterhärte: frosthart
Kategorie: Moderne Rosen
Klasse: Teehybride
Auszeichnung: keine
Anbieter: BKN Strobel
Duft: sehr intensiv
Höhe: 80 bis 100 cm
Breite: 80 cm

Super Star®

Züchter: Tantau, 1960
Blütenfarbe: lachsorange
Blühdauer: reich blühend
Blütengröße: 10 bis 12 cm, einzeln
Blütenform: dicht gefüllt, etwa 40 bis
45 Petalen
Knospe: spitz kegelförmig
Wuchs: kräftig, ungleichmäßig, gut
verzweigt
Laub: reich, mittelgrün
Gesundheit: normal, mehltaugefährdet
Winterhärte: frosthart
Kategorie: Moderne Rosen
Klasse: Teehybride
Auszeichnung: keine
Anbieter: Rosen Tantau, BKN Strobel
Duft: leicht und frisch
Höhe: 60 bis 110 cm
Breite: 90 cm

PFLEGELEICHT-TIPP

Rosennachwuchs

Zur Blütezeit der Rosen lohnt es
sich, mit den Augen und der Nase
gute Sorten für den eigenen Garten
ausfindig zu machen. Beurteilt
werden außer Blütenfarbe und Duft
auch Wuchsform und Gesundheit
der Pflanzen. Untersuchen Sie die
gewünschten Pflanzen und machen
Sie sich Notizen. Wenn Sie die richtige Sorte gefunden haben, bestellen
Sie die Rose bei einem der renommierten Züchter. Dann können Sie
sicher sein, erstklassige Pflanzen zu
bekommen.

Strauchrosen

Centenaire de Lourdes

Züchter: Delbart-Schabert, 1958
Blütenfarbe: rosa (intensiv hellrosa)
Blühdauer: dauerblühend
Blütengröße: 7 bis 8 cm, in Büscheln zu
5 bis 10 Blüten
Blütenform: halbgefüllt, etwa 15 bis
25 Petalen, gewellt
Knospe: kegelförmig, rosarot
Wuchs: mittelstark, locker verzweigt, bogig
Laub: groß, dunkelgrün, glänzend
Gesundheit: sehr robust
Winterhärte: sehr frosthart
Kategorie: Moderne Rosen
Klasse: Zierstrauchrose
Auszeichnung: keine

Anbieter: Schultheis, Rosen Union,
Ingwer J. Jensen, BKN Strobel
Duft: intensiv
Höhe: 100 bis 180 cm
Breite: 80 bis 100 cm

Fiona®

Züchter: Meilland,1979
Blütenfarbe: rot (leuchtend blutrot/
karminrot, helle Mitte)
Blühdauer: dauerblühend
Blütengröße: 5 bis 6 cm, in Büscheln
Blütenform: gefüllt, etwa 20 bis
25 Petalen
Knospe: kegelförmig

Wuchs: breitbuschig, bogig, aufrecht, gut verzweigt
Laub: mittelgroß, dicht, dunkelgrün, glänzend
Gesundheit: normal
Winterhärte: frosthart
Kategorie: Moderne Rosen
Klasse: keine
Auszeichnung: keine
Anbieter: Rosen Tantau, BKN Strobel, Schultheis
Duft: nein
Höhe: 70 bis 100 cm
Breite: 60 bis 70 cm

Goldrose

Wildrose aus China
Blütenfarbe: leuchtend gelb
Blühdauer: einmal blühend
Blütengröße: 3 bis 4 cm
Blütenform: einfach, schalenförmig
Knospe: klein, gelb
Wuchs: hoher Busch, überhängende Triebe
Laub: klein, hellgrün, im Sommer dunkler, paarig gefiedert
Gesundheit: robust

Winterhärte: sehr frosthart
Kategorie: Wildrose
Klasse: einmal blühende Strauchrose
Auszeichnung: keine
Anbieter: Gartencenter
Duft: kein Duft
Höhe: 150 bis 200 cm
Breite: bis 200 cm

Hundsrose

Wildrose
Blütenfarbe: rosarot
Blühdauer: einmal blühend
Blütengröße: 4 bis 5 cm
Blütenform: einfach, schalenförmig
Knospe: kegelförmig, rosa
Wuchs: stark, lang überhängende Triebe
Laub: klein, grün, paarig angeordnet, im Herbst leuchtend gelb
Gesundheit: robust
Winterhärte: sehr frosthart
Kategorie: Wildrose
Klasse: einmal blühende Strauchrose
Auszeichnung: keine
Anbieter: Gartencenter
Duft: zart
Höhe: über 300 cm
Breite: über 300 cm

Gelbe Dagmar Hastrup®

Züchter: Moore
Einführung: Meilland 1987
Blütenfarbe: gelb (kräftig gelb)
Blühdauer: öfter blühend
Blütengröße: 6 bis 8 cm, in Büscheln
Blütenform: halbgefüllt, etwa 15 bis
20 Petalen
Knospe: kegelförmig
Wuchs: mäßig stark, aufrecht, buschig,
gut verzweigt
Laub: groß, hellgrün, matt glänzend
Gesundheit: sehr robust
Winterhärte: sehr frosthart
Kategorie: Moderne Rosen
Klasse: *Rosa-rugosa*-Hybride
Auszeichnung: keine

Anbieter: Schultheis, BKN Strobel
Duft: intensiv
Höhe: 80 cm
Breite: 60 cm

Ghislaine de Feligonde

Züchter: Turbat, 1916
Blütenfarbe: gelb (tief goldgelb,
aufhellend)
Blühdauer: öfter blühend
Blütengröße: ca. 2,5 cm, in großen
Rispen bis zu 25 Blüten
Blütenform: gefüllt
Knospe: rund
Wuchs: stark, aufrecht, bogig
überhängend

INFO

Rosenkrankheiten schnell erkannt

Symptome	Krankheit	Bekämpfung
kleine braune bis blutrote Flecken mit weißem Zentrum auf der Blattoberseite; bei stärkerem Befall auch an Trieben und Blütenstängel	Blattfleckenkrankheit	Spritzmittel, alle zehn bis 14 Tage
auf Blättern, an Knospen und Trieben: weißer, mehliger Belag sichtbar	Rosenmehltau	Spritzmittel gegen Rosenmehltau, alle zwei Wochen ab Mitte Mai bis Ende September anwenden
auf der Blattunterseite gelbe, stecknadelkopfgroße Punkte	Rosenrost	Spritzmittel, in der Vegetationsruhe oder im Frühjahr im Abstand von zehn bis 14 Tagen anwenden
auf den Blättern braun- oder violettschwarze, gezackte oder sternförmige Flecken; gelbe Blätter	Sternrußtau	Fungizide

Laub: klein, tiefgrün, glänzend
Gesundheit: robust
Winterhärte: frosthart
Kategorie: Alte Rose
Klasse: keine
Auszeichnung: keine
Anbieter: BKN Strobel
Duft: aromatisch
Höhe: 80 bis 90 cm
Breite: 60 cm

Lichtkönigin Lucia®

Züchter: Kordes, 1966
Blütenfarbe: gelb (goldgelb/zitronengelb)
Blühdauer: dauerblühend
Blütengröße: 8 bis 10, in Rispen zu
etwa 10 Blüten
Blütenform: gefüllt, etwa 20 bis
25 Petalen
Knospe: groß, spitz, edel, spiralig
öffnend
Wuchs: mittelstark, aufrecht, dicht,
buschig
Laub: mittelgroß, mittelgrün, glänzend
Gesundheit: normal
Winterhärte: frosthart
Kategorie: Moderne Rosen
Klasse: Zierstrauchrose
Auszeichnung: ADR 1968

ÖKO-TIPP

Bitte nicht stören!

Kletterrosen und Strauchrosen
werden gerne von den Singvögeln
zum Nestbau genutzt, zumal sie
mit ihren Stacheln eine Abwehrwir-
kung gegen Feinde haben. Besonders vom Frühjahr bis zum Sommer
ist bei den Pflegearbeiten auf brü-
tende Vögel zu achten!

Anbieter: Schultheis, Rosen Tantau,
Rosen Union, Ingwer J. Jensen, BKN Strobel
Duft: intensiv
Höhe: 100 bis 150 cm
Breite: 150 cm

Polka 91®

Züchter: Meilland, 1991
Blütenfarbe: gelb (bernsteingelb, nicht
verblassend)
Blühdauer: öfter blühend
Blütengröße: 6 bis 7 cm, in Dolden
Blütenform: stark gefüllt, rosetten-
förmig
Knospe: kegelförmig
Wuchs: mäßig stark, aufrecht, bogig
überhängend
Laub: mittelgroß, mittelgrün, matt
glänzend
Gesundheit: sehr robust
Winterhärte: frosthart
Kategorie: Moderne Rosen
Klasse: keine
Auszeichnung: keine
Anbieter: BKN Strobel
Duft: intensiv
Höhe: 120 bis 150 cm
Breite: 100 bis 120 cm

Romanze®

Züchter: M. Tantau, 1984
Blütenfarbe: rosarot (pinkrosa)
Blühdauer: öfter blühend
Blütengröße: 10 bis 12 cm in Büscheln
Blütenform: halbgefüllt, etwa 25 bis
30 Petalen, schalenförmig
Knospe: spitz, edel, kirschrot
Wuchs: aufrecht, gut verzweigt,
schnell nachtreibend
Laub: dicht, dunkelgrün, glänzend
Gesundheit: sehr robust
Winterhärte: sehr frosthart
Kategorie: Moderne Rosen
Klasse: Zierstrauchrose
Auszeichnung: ADR 1986
Anbieter: Rosen Tantau, Rosen
Union, BKN Strobel
Duft: schwach
Höhe: 120 bis 150 cm
Breite: 80 cm

Rose de Resht®

Züchter: in Persien gezüchtet, Jahr
unbekannt
Blütenfarbe: kirsch- bis hellpurpurrot
Blühdauer: dauerblühend
Blütengröße: 8 cm, meist mehrere auf
kurzen kräftigen Stielen
Blütenform: dicht gefüllt, pomponartige
Rosetten
Knospe: kugelig, dunkelrosa
Wuchs: mittelstark, buschig
Laub: dicht, grob gemasert, tiefgrün
Gesundheit: robust
Winterhärte: frosthart
Kategorie: Alte Rosen
Klasse: Damaszener Rose
Auszeichnung: keine
Anbieter: BKN Strobel, Ingwer J. Jensen,
Schultheis

Duft: intensiv
Höhe: 100 bis 120 cm
Breite: 75 cm

Rote Woge®

Züchter: Meilland, 1990
Blütenfarbe: rot (leuchtend blutrot)
Blühdauer: dauerblühend
Blütengröße: 6 bis 7 cm, in Büscheln
bis zu 8 Blüten
Blütenform: gefüllt, etwa 15 bis 20 Petalen
Knospe: kegelförmig, dunkelrot
Wuchs: mäßig stark, breitbuschig
Laub: mittelgroß, dunkelgrün, glänzend
Gesundheit: sehr robust
Winterhärte: normal
Kategorie: Moderne Rosen
Klasse: keine Auszeichnung: ADR 1992
Anbieter: BKN Strobel
Duft: nein
Höhe: 80 bis 100 cm
Breite: 100 bis 120 cm

Schneewittchen®

Züchter: Kordes, 1958
Blütenfarbe: weiß (reinweiß)
Blühdauer: dauerblühend

Auszeichnung: ADR 1960, Weltrose 1983
Anbieter: Schultheis, BKN Strobel, Rosen
Tantau, Rosen Union, Ingwer J. Jensen
Duft: intensiv
Höhe: 100 bis 150 cm
Breite: 45 cm

Westerland®

Züchter: Kordes, 1969
Blütenfarbe: orange (orange-lachsfarbig)
Blühdauer: dauerblühend
Blütengröße: 10 bis 12 cm, in Rispen
bis zu etwa 10 Blüten
Blütenform: gefüllt, 20 bis 25 Petalen,
offene Mitte
Knospe: kegelförmig
Wuchs: stark, aufrecht, breitbuschig,
bogig überhängend
Laub: groß, dicht, tiefgrün, glänzend
Gesundheit: normal
Winterhärte: frosthart
Kategorie: Moderne Rosen
Klasse: Zierstrauchrose
Auszeichnung: ADR 1974
Anbieter: Schultheis, BKN Strobel, Rosen
Union, Rosen Union, Ingwer J. Jensen
Duft: sehr intensiv
Höhe: 150 bis 200 cm
Breite: 150 cm

Blütengröße: 7 bis 8 cm, in Büscheln
zu etwa 5 bis 7 Blüten
Blütenform: gefüllt, etwa 30 bis 40 Petalen,
schalenförmig
Knospe: länglich, langsam öffnend
Wuchs: mittelstark, aufrecht, bogig
überhängend
Laub: mittelgroß, mittelgrün, glänzend
Gesundheit: normal
Winterhärte: sehr frosthart
Kategorie: Moderne Rosen
Klasse: Floribunda

Kletterrosen

Kir Royal®

Züchter: Meilland, 1995
Blütenfarbe: rosa (zart seidig-rosa,
rot gesprenkelt)

Blühdauer: öfter blühend
Blütengröße: 6 bis 7 cm, meist einzeln
Blütenform: stark gefüllt, 20 bis
30 Petalen, schalenförmig
Knospe: edel

Wuchs: aufrecht, breitbuschig, bogig überhängend
Laub: mittelgroß, hellgrün, glänzend
Gesundheit: robust
Winterhärte: frosthart
Kategorie: Moderne Rosen
Klasse: Nostalgische Rose
Auszeichnung: keine
Anbieter: BKN Strobel
Duft: schwach
Höhe: 200 bis 300 cm
Breite: 100 bis 150 cm

New Dawn

Züchter: Somerset Rose Nursery, 1930
Blütenfarbe: rosa (hellrosa verblassend)
Blühdauer: dauerblühend
Blütengröße: 6 bis 8 cm, einzeln oder in Büscheln
Blütenform: gefüllt, etwa 15 bis 25 Petalen, edel
Knospe: spitz, edel, klein, hellrosa
Wuchs: kräftig, aufrecht bis bogig, langtriebig

Laub: relativ klein, mittelgrün, glänzend
Gesundheit: sehr robust
Winterhärte: sehr frosthart
Kategorie: Moderne Rosen
Klasse: Rambler
Auszeichnung: US Plant-Patent Nr. 1
Anbieter: Rosen Tantau, Rosen Union, Ingwer J. Jensen, BKN Strobel, Schultheis
Duft: aromatisch
Höhe: 250 bis 400 cm
Breite: 250 bis 300 cm

Rosarium Uetersen®

Züchter: Kordes, 1977
Blütenfarbe: rosa (leuchtend tiefrosa bis silbrig rosa)
Blühdauer: öfter blühend
Blütengröße: 6 bis 8 cm, in Büscheln
Blütenform: stark gefüllt, bis 100 Petalen, dachziegelartig
Knospe: breitkegelförmig, groß, dunkelrosa
Wuchs: mittelstark, aufrecht, verzweigt, überhängend
Laub: groß, mittelgrün, glänzend
Gesundheit: robust
Winterhärte: sehr frosthart
Kategorie: Moderne Rosen

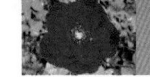

Klasse: keine
Auszeichnung: keine
Anbieter: Rosen Tantau, Rosen Union,
Ingwer J. Jensen, BKN Strobel
Duft: zart
Höhe: 200 bis 300 cm
Breite: 100 cm

Sorbet®

Züchter: Meilland, 1991
Blütenfarbe: rosa (zartrosa, cremegelbe
Unterseite)
Blühdauer: öfter blühend
Blütengröße: 10 bis 12 cm, in Büscheln
Blütenform: stark gefüllt, schalenförmig
Knospe: edel
Wuchs: mäßig stark, aufrecht, gut
verzweigt
Laub: groß, mittelgrün, glänzend
Gesundheit: robust
Winterhärte: frosthart
Kategorie: Moderne Rosen
Klasse: Rambler
Auszeichnung: keine
Anbieter: BKN Strobel
Duft: nein

Höhe: 200 bis 250 cm
Breite: 120 bis 150 cm

Sympathie

Züchter: Kordes, 1964
Blütenfarbe: rot (tiefscharlach-dunkelrot-
samtig)
Blühdauer: öfter blühend
Blütengröße: 8 bis 10 cm, Büschel
Blütenform: gefüllt, etwa 25 bis
30 Petalen
Knospe: groß, edel
Wuchs: kräftig, aufrecht, leicht bogig,
langtriebig
Laub: dicht, tiefgrün, glänzend
Gesundheit: normal
Winterhärte: frosthart
Kategorie: Moderne Rosen
Klasse: keine
Auszeichnung: ADR 1966
Anbieter: Rosen Tantau, Rosen
Union, Ingwer J. Jensen, BKN Strobel,
Schultheis
Duft: intensiv
Höhe: 200 bis 350 cm
Breite: 200 bis 300 cm

Bodendecker

Fairy Dance®

Züchter: Harkness 1979
Blütenfarbe: blutrot
Blühdauer: dauerblühend
Blütengröße: 2 bis 3 cm
Blütenform: gefüllt
Knospe: kugelig, tief blutrot

Wuchs: niedrig, teilweise aufrechte und
überhängende Triebe
Laub: klein, grün, glänzend
Gesundheit: robust
Winterhärte: sehr frosthart
Kategorie: Moderne Rosen
Klasse: Bodendecker
Auszeichnung: keine

Anbieter: Kordes
Duft: kein Duft
Höhe: 300 bis 400 cm
Breite: bis 300 cm

Ferdy®

Züchter: Meilland & Keisei, 1984
Blütenfarbe: rosa (kräftig rosa, cremegelbe Mitte)
Blühdauer: einmal blühend
Blütengröße: 2,5 bis 4 cm, in Büscheln
Blütenform: halbgefüllt, 10 bis 20 Petalen
Knospe: spitz, fuchsienrosa
Wuchs: mäßig stark, flach, bogig
Laub: klein, mittelgrün, glänzend
Gesundheit: robust
Winterhärte: frosthart
Kategorie: Moderne Rosen
Klasse: keine
Auszeichnung: keine
Anbieter: Schultheis, BKN Strobel
Duft: nein
Höhe: 70 bis 90 cm
Breite: 60 bis 70 cm

Anbieter: Harkness
Duft: nein
Höhe: bis 60 cm
Breite: bis 60 cm

Flammentanz®

Züchter: Kordes, 1955
Blütenfarbe: dunkelrot
Blühdauer: einmal blühend
Blütengröße: 6 bis 8 cm
Blütenform: gefüllt
Knospe: stumpfkegelförmig, dunkelrot
Wuchs: stark, aufrecht, lange, kräftige Triebe
Laub: kupferrot, später mattgrün
Gesundheit: robust
Winterhärte: sehr frosthart
Kategorie: Kletterrose
Klasse: Rambler
Auszeichnung: ADR 1952

Lavender Dream®

Züchter: Interplant, 1985
Blütenfarbe: lavendel (auch rosa, lila und weiß)
Blühdauer: öfter blühend
Blütengröße: 3 bis 5 cm, in üppigen Büscheln
Blütenform: schmal herzförmig
Knospe: klein, kugelig, dunkel lavendelfarben
Wuchs: mäßig, leicht bogig, überhängend, locker verzweigt
Laub: mittelgroß, dunkelgrün, glänzend, mit rötlichen Adern
Gesundheit: robust
Winterhärte: sehr frosthart
Kategorie: Moderne Rosen
Klasse: keine
Auszeichnung: ADR 1987
Anbieter: BKN Strobel
Duft: intensiv
Höhe: 50 bis 70 cm
Breite: 60 bis 70 cm

Mirato®

Züchter: Tantau, 1990
Blütenfarbe: rosa (tiefrosa)
Blühdauer: dauerblühend
Blütengröße: 6 cm, in üppigen Büscheln
Blütenform: gut gefüllte Blütenschalen
Knospe: klein, eiförmig, rot
Wuchs: dicht, breitbuschig, mittelstark, überhängende Triebe
Laub: klein, ledrig, glänzend, dunkelgrün bis kupfer gefärbt
Gesundheit: robust
Winterhärte: sehr frosthart
Kategorie: Moderne Rosen
Klasse: Bodendecker
Auszeichnung: ADR 1993
Anbieter: Rosen Tantau
Duft: lieblich und frisch
Höhe: 40 bis 60 cm
Breite: 100 cm

Pink Meidiland®

Züchter: Meilland, 1984
Blütenfarbe: rosarot
Blühdauer: dauerblühend
Blütengröße: 6 bis 7 cm
Blütenform: einfach, flach-schalenförmig

Höhe: 80 bis 100 cm
Breite: bis 100 cm

Knospe: klein, kegelförmig, karminrot
Wuchs: buschig, viele z.T. überhängende
Triebe
Laub: grün, glänzend, leicht gezahnt
Gesundheit: robust
Winterhärte: sehr frosthart
Kategorie: Moderne Rosen
Klasse: Bodendecker
Auszeichnung: keine
Anbieter: Meilland, Gartencenter
Duft: nein

Swany®

Züchter: Meilland, 1978
Blütenfarbe: weiß
Blühdauer: dauerblühend
Blütengröße: 4 bis 6 cm
Blütenform: erst ballförmig, später
abflachend
Knospe: kugelig, weiß
Wuchs: buschig, viele z.T. überhängende
Triebe
Laub: grün, glänzend, leicht gezahnt
Gesundheit: robust
Winterhärte: sehr frosthart
Kategorie: Moderne Rosen
Klasse: Bodendecker
Auszeichnung: keine
Anbieter: Meilland, Gartencenter
Duft: nein
Höhe: 80 bis 100 cm
Breite: bis 100 cm

Wildrosen

Die Gattung der *Rosa* umfasst über 100 Arten. Die meisten sind auf der nördlichen Erdhalbkugel heimisch. Die Wildrosen passen besonders gut in naturnah angelegte Gärten, entweder als einzelner Busch oder als Hecke. Das Besondere an den Wildrosen ist, dass sie Früchte tragen. Diese Vitamin-C-reichen Hagebutten sind nicht nur bei Vögeln als Nahrungsquelle sehr geschätzt. Als Gelee, Mus, Kompott oder Tee finden die Früchte aus dem eigenen Garten auch wieder verstärkt

PFLEGELEICHT-TIPP

Hecke aus Wildrosen

Wildrosen eignen sich gut für dichte undurchdringliche Hecken. Wenn mehrere verschiedene Arten in die Reihe oder im Verband gepflanzt werden, kommt eine besonders vielfältig Blüten- und Fruchthecke zustande.

Eingang in die heimische Küche. Die Hagebutten der *Rosa rugosa* – der Kartoffelrose – sind besonders dick und fleischig und lassen sich daher auch gut verarbeiten. Allerdings müssen Sie, wie bei allen Sorten, die Kerne und die Behaarung entfernen.

Vielfalt an Formen und Farben

Weltweit gibt es mehr als 80 verschiedene Wildrosen-Arten. Angefangen von der *Rosa acicularis*, die von Sibirien bis Nordamerika

verbreitet ist, bis zur *Rosa xanthina*, einer ostasiatischen Strauchrose, bieten sich etliche Arten für den Garten an.

Neben der heimischen Hundsrose *(Rosa canina)*, die oft verwildert an Feldrändern wuchert, der Kartoffelrose *(R. rugosa)*, die gerne an Straßenränder gepflanzt wird und der Vielblütigen Rose *(R. multiflora)*, die häufig in Wildstrauchhecken mit dichten weißen Blütenbüscheln aufwartet, lassen sich viele andere Wildrosen erfolgreich im Garten kultivieren. Dabei sind auch seltene Arten, die von gezüchteten Sorten verdrängt wur-

INFO

Europäische Wildrosen (Auswahl)

Art	Größe	Blüte	Heimat
Hundsrose *Rosa canina*	2–3 m	Juni-Juli, rosa	Europa, Nordamerika, Asien
Feldrose *Rosa arvensis*	1–2 m	Juli, weiß	Europa
Essigrose *Rosa gallica*	0,5–1 m	Juni-Juli, rosa	Europa bis Asien
Hechtrose *Rosa glauca*	1–2 m	Juni, rosa-weiß, bläuliche Blätter	Süd- und Mitteleuropa
Mairose *Rosa majalis*	0,5–2 m	Mai-Juni, rosa	Nordeuropa bis Sibirien
Alpenrose *Rosa pendulina*	0,5–3 m	Mai-Juni, rosa	Alpen
Dünenrose *Rosa pimpinellifolia*	0,5–1 m	Mai-Juni, weiß, schwarze Früchte	Nordeuropa, Asien
Weinrose *Rosa rubiginosa*	2–3 m	Juni-Juli, rosa, Blätter stark duftend	Europa, Asien
Apfelrose *Rosa villosa*	1–2 m	Juni-Juli, rosa, große Früchte, Blätter duftend	Süd- und Mitteleuropa, Gebirgspflanze

den oder Exoten aus fremden Ländern. Die Ursache für ihren geringen Einsatz in Hausgärten – im Vergleich zu den Edelrosen – besteht darin, dass sie alle nur einmal blühen. Der Flor beschränkt sich auf wenige Wochen im Juni/Juli. Die Zeit danach brauchen sie zur Fruchtentwicklung.

Blütensträucher für Hecken oder Einzelstellung

Wildrosen sind in ihren Eigenschaften den Wildobststräuchern, wie etwa dem Schlehdorn, dem Weißdorn oder den sommergrünen Felsenmispeln ähnlich. Sie bilden aus dem Wurzelwerk eine Vielzahl an kräftigen Trieben, die sich reichlich verzweigen und dichte Büsche bilden. Gleichermaßen kommen sie vorzugsweise in Wildstrauchhecken zum Einsatz. In großen Gärten können einzelne Exemplare etwa in Heidebeeten oder

ÖKO-TIPP

Hagebutten erhalten

Die Rosenfrüchte sind ein schöner Fruchtschmuck. Sie bleiben oft bis zum Spätwinter erhalten und werden von den Singvögeln erst verspeist, wenn sie sonst nichts mehr finden. Die Ansiedlung einiger Wildrosen hat daher auch einen ökologischen Wert, zumal die Blüten dann im Frühjahr für Bienen und Hummeln Nektar spenden.

an unzugänglichen Böschungen nützlich sein, wo sie ungehindert verwildern dürfen. Hier bilden die starkwüchsigen Arten, wie die Hundsrose, die Vielblütige Rose oder Virginische Rose (*R. virginiana*) mehr als 2 m hohe und ebenso breite Büsche. Die dichten und mit Stacheln bewehrten Sträu-

INFO

Asiatische Wildrosen (Auswahl)

Art	Größe	Blüte	Heimat
Goldrose *Rosa hugonis*	1–2 m	Mai/Juni, goldgelb, dicht besetzt	China
Vielblütige Rose *Rosa multiflora*	2–3 m	Juni/Juli, weiß, in Büscheln	Japan/Korea
Mandarinrose *Rosa moyesii*	2–3 m	Mai/Juni, rot	West-China
Stacheldrahtrose *Rosa omeiensis*	2–3 m	Mai/Juni, weiß	China
Großfrüchtige Rose *Rosa sweginzowii*	2–3 m	Juni, rosa	Nordwest-China

Amerikanische Wildrosen (Auswahl)

Art	Größe	Blüte	Heimat
Glanzrose *Rosa nitida*	0,5 m	Juni/Juli, rosa	östliches Nordamerika
Virginische Rose *Rosa virginiana*	1,5 m	Juni, rosa	Nordamerika
Bergrose *Rosa woodsii*	1,5–2 m	Juni, lilarosa	Nordamerika
Prärierose *Rosa setigera*	1,5 m	Juni, hellrot	Nordamerika
Nutkarose *Rosa nutkana*	1,5 m	Juni, lavendelrosa	Nordamerika

cher bieten Singvögeln Schutz und Nahrung, obwohl die Hagebutten erst verzehrt werden, wenn sonst nichts mehr zu finden ist. Diese kräftigen Arten lassen sich ebenso in dichte Wildstrauchhecken einsetzen. Als Gartengehölze für den freien Stand, etwa auf Trockenmauern, in Steingärten oder in Rosenrabatten passen besser kleine Wildrosen, wie die Hechtrose (*R. glauca*), die pinkfarbene Blüten auf rötlich blauem Blattwerk bildet, die chinesische Goldrose (*R. hugonis*), die im Mai an langen überhängenden Trieben eine Fülle an goldgelben Blüten hervorbringt oder die Kapuzinerrose (*R. foetida*), die einen kleinen lockeren Busch mit leuchtend orangen oder gelben Blüten entwickelt.

Sonderformen

Neben den Wildrosen mit gewöhnlichen Strauchformen finden sich im Sortiment etliche Arten, die kriechend, kletternd oder kräftig aufrecht wachsen. So bilden beispielsweise die Kartoffelrosen (*R. rugosa*) starke Wurzelausläufer, die sich flach am Boden ausbreiten und niedrige mit Borsten besetzte Ruten nach oben treiben. Diese recht salzverträgliche Art, die ursprünglich von der Ostküste Japans stammt, wurde schon vor 200 Jahren in Europa angesiedelt. Sie kommt noch auf mageren Sandböden zurecht, wenn sie genügend Wasser erhält. Allerdings verträgt diese leicht verwildernde Art keinen Kalk. Ebenfalls aus Ostasien stammt eine Wildrose, die sich weniger durch besondere Blüten auszeichnet, als durch ungewöhnliche Triebe. Bezeichnenderweise wurde sie Stacheldrahtrose genannt. Botanisch heißt diese stark bewehrte Wildrose, die im Frühjahr kleine weiße Blüten entfaltet, *Rosa omeiensis*. Im Sommer sind die rötlichen Stacheln von gefiederten Blättchen bedeckt. Im Winter, wenn sie sich nach dem Verholzen kupferbraun gefärbt haben, wirken sie abschreckend.

Auswahl einiger Wildrosenarten

Rosa acicularis

Das Dornröschen *(R. acicularis)* wurde aus Japan eingeführt. Mittlerweile gibt es Züchtungen, die große gefüllte Blüten haben. Der kleine Strauch blüht von Mai bis Juni.

Rosa canina

Dass Wildrosen nicht nur Ziergehölze sind, sondern auch einen Wert als Nutzpflanzen haben, macht die Hagebuttenrose *(R. canina)* deutlich. Aus den zarten Blüten entwickeln sich bis zum Herbst sattrote Früchte, aus denen Tees und Marmeladen produziert werden.

Rosa foetida

Eine kleine Wildrose aus Kleinasien fällt durch eine besondere Leuchtkraft ihrer Blüten auf. Die Kapuzinerrose *(R. foetida)* gibt es mit gelben oder orangen Blüten.

ÖKO-TIPP

Der Ökologie dienend

Die Singvögel tragen durch das Verbreiten der Hagebuttensamen zur Vermehrung von Wildrosen bei. Auf diese Weise dienen die Tiere dem Naturschutz, indem sie die Ansiedlung von Wildrosen und anderen Fruchtgehölzen etwa auf Brachland oder an Feldrändern fördern.

Rosa majalis

Auf der Suche nach einer frühblühenden Wildrose, die lange Triebe mit großen Blüten entwickeln, sollte die Mairose *(R. majalis)* in die Auswahl aufgenommen werden. Diese und andere Wildrosen brauchen übrigens keinen Frostschutz.

Rosa multiflora

Von der Ferne sieht die Vielblütige Rose *(R. multiflora)* dem Pfeifenstrauch *(Philadelphus)* ähnlich. Die weißen Blütenbüschel, die einen leichten Duft verbreiten, sitzen in Büscheln an den kräftigen Trieben.

Rosa rugosa

Kartoffelrosen bilden etwa kniehohe Büsche, die sich stark durch Wurzelausläufer ausbreiten. Diese genügsamen Wildrosen eignen sich zur Straßenbegrünung, zumal sie recht salzverträglich sind.

Blütenfarbe: weiß oder purpurrosa
Blühdauer: öfter blühend, oft gleichzeitig mit den letzten Blüten
Blütengröße: etwa 9 cm, große, runde und orangerote Früchte
Blütenform: einfach, mittelgroße Blütenschalen
Knospe: groß, spitzoval, rot
Wuchs: robust, dicht, aufrecht, dicht verzweigte Triebe

Laub: ledrig, stark geadert, dunkelgrün mit goldgelber Herbstfärbung
Gesundheit: robust
Winterhärte: sehr frosthart
Kategorie: Wildrosen
Klasse: es gibt verschiedene Sorten
Auszeichnung: keine
Anbieter: BKN Strobel, Gartencenter (da gängige Rosenart)
Duft: lieblich und fein
Höhe: 120 bis 250 cm
Breite: 120 bis 250 cm

Rosa rugosa (rot)

An den borstigen Trieben der Kartoffelrose blühen ungewöhnlich große Blüten auf. Die Blütenfarben weichen gelegentlich vom typischen Zartrosa ab. Es gibt sogar dunkelrote Züchtungen.

Rosa rugosa (weiß)

Eine Laune der Natur bringt im Pflanzenreich Albinos hervor. Weiß blühende Kartoffelrosen lassen sich gezielt durch Stecklinge oder Wurzelausläufer vermehren.

Rosa officinalis

Die Apothekerrose *(R. officinalis)* wurde bereits im Mittelalter von Damaskus nach Frankreich gebracht. Aus den duftenden Blütenblättern wurden früher medizinische Produkte gewonnen.

Rosa pendulina

Die heimische Alpenrose *(R. pendulina)* zeichnet sich durch einen kräftigen Wuchs aus. Der genügsame Strauch eignet sich für die Einzelstellung etwa in großen Steingärten oder für Gehölzgruppen in Wildstrauchhecken.

Zehn ausgewählte Duftrosen

Berolina®

Es fällt nicht leicht, aus dem riesigen Rosen-Sortiment nur zehn Züchtungen auszuwählen, die duftende Blüten hervorbringen. Zur Zeit besonders aktuell, aber schon seit 1986 im Handel, ist die Sorte ‚Berolina'. Sie wurde schon damals vom Rosen-Züchter Kordes der heutigen Hauptstadt gewidmet. Die leuchtend gelben, gefüllten Blüten, die an langen Stielen sitzen, zeichnen sich durch einen intensiven Teerosenduft aus. Wer im Duftrosenbeet mit Farben spielen möchte, kann beispielsweise durch Kombinationen dieser gelben Sorte mit roten Züchtungen eine besondere Wirkung erzielen.

Wert: Die schon mehrfach prämierte Sorte bringt den Sommer hindurch immer neue zitronengelbe Blüten hervor, die recht lange erhalten bleiben.

Blue River®

Auf der Suche nach ungewöhnlichen Blütenfarben ist die Edelrosen-Züchtung ‚Blue River' nicht zu übersehen. Bei näherer Be-

trachtung wird der starke Rosenduft wahrnehmbar. Die ausgezeichnete Sorte aus dem Jahr 1984 überzeugt zudem durch ihr gesundes Laub und die kräftigen Triebe. Die Blütenfarbe entspricht allerdings nicht jedem Geschmack. Wer neben den roten, gelben, weißen und rosafarbenen Duftrosen auch eine lilafarbene in ein gemischtes Beet aufnehmen möchte, kann mit dieser Sorte Akzente setzen.

Wert: Der intensive Duft und die dicht gefüllten Blüten auf gesundem sattgrünem Laub machen diese ungewöhnliche Züchtung als Gartenrose wertvoll.

Burgund®

Weinliebhaber und Rosenfreunde kommen durch die Anpflanzung der samtig rot blühenden Edelrose ‚Burgund' gleichermaßen auf ihre Kosten. Die Farbe der Blüten erinnert tatsächlich an Burgunderwein. Auch diese

Sorte ist schon mehr als 20 Jahre im Handel. Die gesunde, robuste Züchtung gehört mittlerweile zum Sortiment der Rosengärten. Alle hier erwähnten Züchtungen sind übrigens in jedem gut sortierten Gartenmarkt zu bekommen. Es handelt sich – mit Ausnahme der Englischen Rose ‚Graham Thomas' – um Standard-Sorten.

Wert: Wer rote Rosen mag, die zudem duften, darf auf die ‚Burgund' im Duftrosenbeet zählen. Sie blüht bei sonnigem Wetter vom Juni bis in den Herbst hinein.

Duftwolke®

Eine schon recht altbewährte Edelrose, mit dem bezeichnenden Namen ‚Duftwolke' ist seit 1963 im Handel. Hier sei erwähnt, dass Duftrosen natürlich keine Duftwolken verbreiten. Es ist schon nötig, die Nase fast in die Blüten zu stecken, damit ihr Duft richtig wirkt. Auch das Wetter macht sich bemerkbar. An warmen Tagen duften Rosenblüten stärker als bei Regen. Die gesunde Sorte ‚Duftwolke' ist jedenfalls nach wie vor als Gartenrose zu empfehlen.

Wert: Die kräftige Edelrose bildet langstielige Büsche, die etwa Kniehöhe erreichen. Den Sommer hindurch bringt sie korallenrote, gefüllte Blüten hervor.

Erotika®

Noch eine rote Rose, die bereits 1968 von der Züchterfirma Tantau auf den Markt gebracht wurde und heute noch Bestand hat, ist die Erotika. Die leuchtend roten Blüten entfalten sich den Sommer hindurch an langen Stielen. Der Duft ist vom Wetter abhängig. Trockene, sonnige Tage wirken sich auch auf die Gesundheit aus. Wie alle Edelrosen sollte diese Sorte einen vollsonnigen luftigen Platz bekommen. Im Schatten oder bei Regen bleiben Edelrosen oft nicht vom Mehltau verschont.

Wert: Die etwa 10 cm großen, gefüllten Blüten bleiben recht lange erhalten. Der Schnitt fördert einen buschigen Wuchs.

Esmeralda®

Diese rosa blühende Edelrose war die erste Zeit nach ihrer Einführung eine kleine Sensation. Sie wurde in großen Mengen verbreitet. Mittlerweile gehört sie zum Standard-Sortiment der Rosenschauanlagen. Solche Gärten gibt es übrigens in vielen Städten. Gelegentlich sind dort mehr als 100 verschiedene Sorten zu finden. Das macht auch die Auswahl guter Sorten für den Garten möglich. Besonders im Sommer lohnen sich Schnupperpartien in Rosengärten.

Wert: Die Esmeralda fällt durch ihre seidig glänzenden Blüten auf. Bei näherer Betrachtung steigt der intensive Rosenduft in die Nase.

Graham Thomas®

Mittlerweile gibt es – nach einer Zeit der duftlosen Edelrosen – eine Fülle an Sorten, die nicht nur fürs Auge, sondern auch für die Nase etwas bieten. Dazu zählen die Englischen Sorten. Eine dieser neuen Züchtungen, die durch Kreuzung alter Rosen mit neuen Sorten entstanden sind, ist ‚Graham Thomas‘. Die öfter blühende Strauchrose erreicht eine Höhe von etwa 1 m. Die gefüllten gelben Blüten duften stark.

Wert: Neben anderen Englischen Rosen, die hier nicht aufgelistet sind, lässt sich diese Sorte mit ausgewählten Edelrosen in speziellen Duftrosenrabatten einsetzen.

Harmonie®

Eine lachsrote Edelrose, die sich durch eine starken Duft auszeichnet, darf in einem bunten Sortiment nicht fehlen. Die ‚Harmonie‘ rundet diese kleine Auswahl ab. Auch sie ist schon seit 20 Jahren im Handel und gehört immer noch zu den beliebtesten Edelrosen-Züchtungen. Sie bildet kräftige Triebe und verzweigt sich gut. Dem Hauptflor im Juni folgt im Hochsommer eine zweite Vollblüte. Zwischenzeitlich hält sich die Blütenbildung in Grenzen.

Wert: Die ‚Harmonie‘ fällt im Beet durch ihre intensive Farbwirkung auf. Sie eignet sich auch vorzüglich als Schnittblume für die Vase.

Papa Meilland®

Die Züchterfirma Meilland hat sich mit dieser Sorte ein Denkmal gesetzt. Die samtigen, dunkelroten Blüten sind im Handbuch der Rosen vom Bund deutscher Baumschulen (BdB) als überragend duftend beschrieben. Bei der Auswahl von Duftrosen für den Gar-

ten kann dieses Bestimmungsbuch eine wertvolle Hilfe sein, zumal alle Sorten auch in Baumschulen bzw. in Gartenmärkten oder bei Versendern zu bekommen sind.

Wert: Die kräftige Edelrose sollte insbesondere wegen ihrer intensiv duftenden Blüten in den Garten aufgenommen werden, obwohl sie weniger robust ist als die anderen hier beschriebenen Sorten.

Polarstern®

Obwohl sie ebenfalls weniger intensiv duftet als die anderen beschriebenen Sorten, bekommt die Edelrose ‚Polarstern‘ hier einen Platz, und zwar besonders wegen ihrer rein-weißen Blüten, die im Sortiment der Edelrosen ungewöhnlich sind. Die straff aufrecht wachsenden gesunden Triebe bringen den Sommer hindurch frische Blüten hervor, die sich wie bei anderen Sorten als Schnittblumen nutzen lassen. Solche Duftrosensträuße sind sonst selten zu bekommen. Ein maßvoller Schnitt regt zum Austrieb neuer Blütentriebe an.

Wert: Die gesunde, kräftige Edelrose kommt nur in Gruppen mit mehreren Exemplaren zur Wirkung.

Rosen-Dekorationen

✿ Mit Rosen gestalten

Bei einer Tischdekoration aus duftenden Rosenblättern und einem Service mit Herz-Dekor werden nicht nur Romantiker schwach. Zu romantischen Anlässen wie beispielsweise einem stilvollen Candle-Light-Dinner am Valentinstag gehört auch eine entsprechend „herzige" Tischdekoration. Als Basis dafür dient eine schlichte weiße Tischdecke. Darauf können eine Handvoll frischer Rosenblüten und Rosenblätter, geschwungene Satin-Bänder, Kerzen in diversen Rottönen sowie edle Servietten drapiert werden. Auch ein paar lose Perlen können auf die feine Tafel gestreut werden. Ebenso gut eignen sich auch getrocknete Blüten und Blütenblätter.

✿ Herzliche Anlässe

Immer wieder beliebt sind auch Rosensträuße. Ob einzeln mit ein wenig Beiwerk aufgebunden oder ein üppiger Rosenstrauß, Ton in Ton oder bunt gemischt – unter den vielen Rosensorten gibt es wohl für jeden Anlass die passende. Und aus dem eigenen Rosengarten ist solch ein Blumenstrauß ein ganz besonderes Geschenk!

✿ Dekorative Eiswürfel

Eine optische Überraschung für einen köstlichen Sommer-Drink sind mit Rosenblättern gefüllte Eiswürfel: Legen Sie ein Rosenblütenblatt oder kleine Rosenknospen in jeden Eiswürfelbehälter. Füllen Sie diese mit Wasser auf und frieren Sie sie ein. Frisch in einem Sektglas serviert, sehen sie besonders hübsch aus. Aber auch in einer Himbeer- oder Erdbeerbowle kündigen sie einen romantischen Abend an.

✿ Rosen im Haar

Nicht nur bei der eigenen Hochzeit sind Rosen ein schöner und natürlicher Haarschmuck. Hierzu die Blüte an der Unterseite mit einer kleinen, unauffälligen Haarnadel durchstechen. Die Stelle evtl. mit etwas Wachs verstärken. Damit die Pflanze lange hält, kann man sie mit ein wenig Haarspray oder -lack besprühen. Dadurch erhält sie auch einen schönen Glanz.

Rosenpartner

Kräuter und Heilpflanzen

Lavendel ist ein herrlich duftender Bodendecker, der von Juni bis August blüht. Er ist ein idealer und zudem nützlicher Kombinationspartner zu Rosen, da sein Geruch lästige Blattläuse vertreibt. Er wird entweder ausgesät oder durch Stecklinge vermehrt. Blauminze eignet sich ebenfalls bestens als farblich harmonische Partnerpflanze zu Rosen. Und Salbei zwischen den Rosen ist ein Gewürz mit Schnecken-Abwehrwirkung.

Lavendel
Lavandula angustifolia; Lamiaceae

Dieser duftende Strauch aus dem Mittelmeerraum steht nicht nur den Rosen oft zur Seite, er hat sich als Begleiter vieler anderer Gartenpflanzen bewährt. Im Rosenbeet bietet der Lavendel das ganze Jahr hindurch dem Boden einen Schutz vor Austrocknung oder Verschlämmung. Der immergrüne Bodendecker trägt mit seinem silbrigen Laub und den blauen Blüten zudem zur Gestaltung der Beete bei. Als Rosenbegleiter kommt der Lavendel zwischen den Rosensträuchern oder als Einfassungspflanze zum Einsatz.

Salbei
Salvia-Arten; Lamiaceae

Wie der Lavendel gehört der Salbei zum Pflanzenbestand vieler Gärten. Das immergrüne, winterharte Gehölz passt zu Stauden genauso gut wie zu Sommerblumen oder zu Edelrosen. Neben dem medizinischen Salbei (*S. officinalis*) gibt es einer Reihe von staudenartigen Salbei-Sorten (z. B. *S. nemorosa*), die sich gleichermaßen als Rosenbegleiter eignen. Die blau blühenden Salbeibüsche oder Staudenhorste lassen sich gut mit roten Rosen kombinieren. Natürlich sind auch darüber hinaus Arrangements mit anderen Rosen-Sorten möglich.

Pflanzen, die zu Edelrosen passen

Rosen gehören wohl zu den schönsten Gartengewächsen. Insbesondere sind es neben zahlreichen Wildrosen, die nur kurze Zeit blühen, die vielen veredelten Züchtungen. Lavendel, Salbei, Katzenminze und andere Kräuter, die ins Rosenbeet mit aufgenommen werden, tragen mit blauen Blüten und wintergrünen Blättern zur Gestaltung bei; zudem schützen sie den Boden und halten den Rosen tierische Schädlinge vom Leib.

Veredelte Rosen-Züchtungen, also Edelrosen-Sorten, blühen den ganzen Sommer hindurch. Es lohnt sich, diese attraktiven Dauerblüher an verschiedenen Stellen im Garten zu verteilen. Das kann in Gruppenpflanzungen in eigenen Rosenbeeten erfolgen oder durch das „Einstreuen" einzelner Exemplare in Staudenbeete und Sommerblumenrabatten. Anders als Ziersträucher, die gelegentlich auch auf schattigen Plätzen zurechtkommen, sind Edelrosen auf einen vollsonnigen Standort angewiesen. Im Schatten werden diese empfindlichen Gehölze leicht vom Mehltau und anderen Schadpilzen befallen. Dementsprechend sind auch als Rosenbegleiter vorzugsweise sonnenverträgliche Pflanzen geeignet. Edelrosen sitzen auf Wurzelunterlagen der wilden Hundsrose *(Rosa canina)*. Diese recht starkwüchsige Wildrose bildet kräftige Wurzeln, die tief in den Boden eindringen. Die vorwiegend

---

INFO

Rosenrondell und -pyramide

Einige Züchter (z.B. Ingwer J. Jensen) haben eine Reihe von Begleitpflanzen im Angebot. Hierzu zwei Vorschläge:
Rosenrondell mit 150 cm Durchmesser: Drei Bourbonrosen „Souvenir de la Malmaison" und 13 dunkelviolette Lavendelpflanzen „Dwarf Blue".
Rosenpyramide: Die aprikosengelbe Kletterrose „Abraham Darby" und die violettblaue Clematis „Maria Louise Jensen" ranken an einem Pyramidengerüst (etwa 160 cm), die rosafarbene Strauchrose „Heritage" und „Mary Rose" wachsen am Fuß des Gestells.

---

flachwurzelnden Begleitpflanzen, insbesondere die Kräuter konkurrieren deshalb kaum mit den Rosenstöcken.

Clematis
Clematis-Arten und -Sorten; *Ranunculacea*

Von der Clematis gibt es staudenartige Pflanzen (z.B. *Clematis intergrifolia*) und die bekannten rankenden Sträucher. Die staudenartigen Clematis lassen sich zur Unterpflanzung im Rosenbeet einsetzen.
Die sommergrünen Ranker, die von Mai bis Oktober in den Farben weiß, gelb, rosa, violett und auch zweifarbig blühen, passen besser in den Hintergrund oder sie werden im Rosenbeet auf Kletterhilfen kultiviert. Die Hybriden bescheiden sich mit einer Wuchshöhe von maximal 4 m. Dazu richten sich jedoch nach der Kletterhilfe. Die reich blühenden Clematiszüchtungen lieben warme und geschützte Plätze, dazu leicht feuchten, lockeren und etwas kalkhaltigen Boden. Beste Pflanzzeit ist der Herbst.

Katzenminze
Nepeta mussinii; Lamiaceae

Auf der Suche nach Begleitpflanzen mit langer Blütezeit finden Rosenfreunde im Staudenreich etliche passende Arten. Eine davon ist die Katzenminze, die dichte Büsche zwischen den Rosenstöcken ausbreitet. Sie stören nicht, zumal sie niedrig bleiben und nur

ihre blauen Blüten nach oben recken. Die Katzenminze stammt ursprünglich aus Südosteuropa. Die vitale Pflanze hat sich aber mittlerweile auch nördlich der Alpen angesiedelt. Sie trägt in Rosenrabatten mit ihrem herben Duft zur Schädlingsabwehr bei.

Schleierkraut
Gypsophila paniculata; Caryophyllaceae

Wie in frischen Rosensträußen machen sich die zarten Blütenschleier des weißen Gipskrauts (nach der Übersetzung des botanischen Namens) auch in Rosenbeeten gut. Das duftige Beiwerk lässt sich im Garten auf Dauer ansiedeln. Die Stauden brauchen wie die Edelrosen einen nährstoffreichen, tiefgründigen und lockeren Boden auf vollsonnigen Plätzen. Die beiden Partner stören sich gegenseitig nicht, zumal das Schleierkraut die Durchlüftung der Beete nicht behindert. Der klassische Rosenbegleiter kommt besonders in Kombination mit kräftigen Rosenfarben richtig zur Wirkung.

PFLEGELEICHT-TIPP

Mehrere Sorten ansiedeln

Es ist ratsam, verschiedene Edelrosen-Sorten zu pflanzen. Dadurch verlängert sich die Blütezeit und es vermehrt die Fülle an verschiedenen Blüten. Ebenso bringen auch verschiedene Begleitpflanzen mehr Fülle und Abwechslung ins Rosenbeet. Während etwa Buchsbäumchen eine immergrüne strenge Einfassung bilden, dürfen sich im Beet zwischen den Rosenbüschen wuchernde Katzenminzen, üppige Lavendelbüsche und ausdauernde Salbeipflanzen ausbreiten.

Buchs
Buxus sempervirens; Buxaceae

Weniger als gleichwertige Partner zwischen den Rosen, sondern vielmehr als Begleiter

Buchsbäumchen eignet sich sehr gut als Einfassung für Rosenbeete

der Rosenbeete können Buchsbäumchen dienlich sein. Die kleinen immergrünen Laubgehölze lassen sich streng in Form halten und als Einfassungen ziehen. Die dichten Buchsstreifen geben den Rosenrabatten einen Rahmen. Besonders gut eignen sie sich als Einfassungen von Rosenstämmchen, die mit anderen staudenartigen Begleitern unterpflanzt sind. Der glänzend grüne Buchs sieht das ganze Jahr dekorativ aus und zwar auch im Winter, wenn die Rosen kahl sind.

Tagetes
Tagetes-Sorten; *Asteraceae*

Tagetes oder Studentenblumen werden sowohl in Balkonkästen kultiviert, als auch in Gartenbeeten. Die orangen Sommerblumen lassen sich auch in Kombination mit Rosen sowohl in Kübeln, als auch in Rabatten als Begleitpflanzen einsetzen. Die Pflanzung ist allerdings – anders als bei Stauden – jedes Jahr im Frühjahr aufs Neue nötig. Die einjährigen Sommerblüher sterben im Herbst ab. Bis dahin tragen sie aber mit einer Fülle an Blüten zur Gestaltung bei. Tagetes haben sich als niedrige Rosenbegleiter bewährt, zumal sie die Rosen nicht behindern und schädliche Wurzelälchen abhalten.

Ziest
Stachys byzantina; Lamiaceae

Das silbrige Blattwerk des wolligen Ziest und das glänzend grüne Laub der edlen Rosen ergänzen sich und wirken auch ohne Blüten sehenswert. Beide Partner passen auch aufgrund ihrer Größe gut zusammen. Der Ziest hält sich direkt am Boden zurück. Er breitet sich flächig aus, wenn er nicht gestört wird. Die Rosen wachsen buschig auf und lassen sich vom Ziest nicht behindern. Wie beim Lavendel oder beim Salbei trägt auch beim Ziest das Laub zur Gestaltung im Rosenbeet

bei. Diese Arten können natürlich auch gemeinsam mit Rosen arrangiert werden.

Lilien
Lilium-Arten und -Sorten; *Liliaceae*

Rosen und Lilien sind gleichermaßen wertvolle Gartengewächse, die sich durch besondere Blüten auszeichnen. Dennoch stehlen sie sich die Schau nicht, sondern wirken gemeinsam zusammen. So bringen beispielsweise Madonnenlilien *(Lilium candidum)* große Blütenglocken an langen Stielen hervor, die zwischen den Rosen aus dem Beet ragen. Genauso schön sind gelbe oder orange Sorten, deren Farben sich nicht mit denen der Rosenblüten „beißen". Die ungewöhnlichen Zwiebelblumen ermöglichen zusammen mit den Rosen edle Arrangements.

Ringelblumen
Calendula officinalis; Asteraceae

Zum Einstreuen zwischen die Rosenstöcke können Ringelblumen nützlich sein. Diese einjährigen Sommerblumen lockern mit ihren gelben Blüten die Rabatten auf. Die Aussaat ist allerdings schon im Frühjahr nötig, damit im Sommer etwas blüht. Im Herbst samen sich die Ringelblumen dann selbst aus und sorgen so für ihre Vermehrung. Ringelblumen bedecken den Boden zwischen den Rosen und halten Wurzelschädlinge fern.

Bienenfreund

Phacelia tanacetifolia; Hydrophyllaceae

Die blauen Sommerblumen aus Mittelamerika blühen manchmal auf Ackerflächen in Massen auf. Hier dienen sie als Gründüngerpflanzen, die den Boden lockern und schützen. In Rosenbeeten ist die *Phacelia* ungewöhnlich und selten zu sehen. Dennoch lässt sich die einjährige Pflanze zwischen die Rosen einstreuen, wo sie freie Flächen bedeckt. Die Blüten werden gerne von Bienen aufgesucht. Als schnellwüchsiger Bodendecker

kann die *Phacelia* besonders nach der Pflanzung als Rosenbegleiter nützlich sein.

Weitere Rosenbegleiter

Neben den beschriebenen Arten können natürlich auch andere Stauden, sowie einjährige Sommerblumen im Rosenbeet angesiedelt werden. Mit Jahresblumen sind in jeder Saison neue Gestaltungs-Experimente möglich.

Der blau blühende Lavendel passt gut zu gelben Edelrosen. Sein Duft hat eine abwehrende Wirkung

Gartenkalender

Rosengartenpflege rund ums Jahr

Rosen sind wohl mit die schönsten, aber auch sehr pflegeaufwendige Gartenpflanzen. Insbesondere Edelrosen brauchen rund ums Jahr die richtige Versorgung. Schon beim Pflanzen ist es wichtig, geschützte und sonnige Plätze auf tiefgründigem, nährstoffreichem Boden zu wählen. Die Veredelungsstelle muss dabei etwa 5 bis 10 cm tief unter der Erdoberfläche sitzen, damit sie vom Frost verschont bleibt. Zudem ist das Anhäufeln mit lockerer Erde und das Abdecken mit Fichtenreisig zum Schutz vor Winterschäden empfehlenswert. Der übersichtliche Kalender auf den folgenden Seiten zeigt die anstehenden Arbeiten, die in jedem einzelnen Monat anfallen.

Januar

- Frostschutz im Rosenbeet sicherheitshalber kontrollieren.
- Achung: Schutz vor Wintersonne bei Kletterrosen.
- Topfrosen auf Balkon und Terrasse einpacken oder bei strenger Kälte einräumen.
- Topfrosen bei Trockenheit bewässern (besonders, wenn sie im Regenschatten oder unter einem Dachvorsprung stehen).
- Rosensamen aus Hagebutten vor der Aussaat stratifizieren (Einschichten in feuchten Sand).
- Wildrosen und -hecken bei mildem Wetter auslichten.
- Planung neuer Rosenbeete.
- Bau von Rosenbögen und -spalieren in der Winterpause.
- Rosenkataloge besorgen.
- Auswahl und Bestellung von Rosen und Begleitpflanzen.
- Rosenscheren und andere Werkzeuge säubern sowie warten.
- Blühende Topfrosen kühl stellen.

Februar

- Frostschutz im Rosenbeet erneut kontrollieren.
- Kletterrosen mit Strohmatten oder Fichtenreisig vor Wintersonne schattieren (insbesondere an Südwänden).
- Wildrosen- und Wildrosenhecken auslichten (nicht stutzen, sondern nur einige alte Äste am Boden entfernen).
- Rosenbeete planen.
- Kataloge von Rosenzüchtern anfordern und Pflanzen bestellen.
- Bodenuntersuchungen bei Bodenmüdigkeit durchführen (insbesondere bei Anzeichen von kümmerlichem Wuchs im letzten Jahr).
- Falls nötig, Erdaustausch bei Neupflanzungen auf dem selben Standort.
- Boden mit Kompost oder verrottetem Mist verbessern.
- Wildrosen auslichten.
- Ab Monatsende – bei mildem Wetter – Schnitt der Beetrosen, Strauchrosen und Kletterrosen.
- Topfrosen auf Balkon und Terrasse bei Trockenheit gießen.

Mit dem richtigen Winterschutz erhält man bald auch wieder eine solch üppige Blütenpracht

März

- Frostschutz teilweise entfernen (bei mildem Wetter), zum Schutz vor Spätfrösten noch griffbereit halten.
- Beetrosen rechtzeitig vor dem Austrieb zurückschneiden (im Herbst werden sie nur eingekürzt und ausgeputzt).
- Frostschäden behandeln, insbesondere bei Kletterrosen und Strauchrosen die keinen Frostschutz hatten (schwarze Triebe zurückschneiden).
- Bei mildem Wetter beginnt die Pflanzzeit für alle Rosen-Typen (Wildrosen, Edelrosen etc. mit Topfballen sowie mit losen Wurzeln).
- Boden vor der Pflanzung tiefgründig lockern und verbessern (Aushuberde mit Kompost und Hornspänen verbessern).

- Rosenstämmchen nach der Pflanzung mit Pfahl stützen (Baumpfahl einschlagen und stramm mit Kokosstrick anbinden).
- Umpflanzungen sind jetzt möglich, wenn die Rosen noch nicht zu alt sind (bis etwa drei Jahre nach der Pflanzung).
- Kräuter dazu pflanzen (Lavendel, Salbei-Sorten, Thymian, Katzenminze und andere Arten).
- Zwiebelblumen im Rosenbeet nach der Blüte einziehen lassen. Beetrosen reichlich düngen; vorzugsweise mit organischem Material wie Kompost oder verrottetem Stallmist.
- Freiflächen im Rosenbeet mulchen (mit Rindenmulch).

Schneiden Sie Beetrosen rechtzeitig vor dem Austrieb zurück

April

- ☙ Frostschutz entfernen; auch angehäufelte Erde abräumen und im Beet verteilen.
- ☙ Beetrosen rechtzeitig vor dem Austrieb schneiden; Triebe etwa um die Hälfte einkürzen (jeweils knapp über einer Knospe).
- ☙ Auslichtungsschnitt bei Wildrosen rechtzeitig vor dem Austrieb vollenden.
- ☙ Rechtzeitig hacken und jäten, sobald sich Unkrautkeimlinge zeigen; anschließend mulchen (mit Rindenmulch).
- ☙ Noch ist Pflanzzeit für alle Rosen-Typen (Wildrosen, Edelrosen etc. mit losen Wurzeln oder mit Topfballen).
- ☙ Boden gründlich für Rosenpflanzung vorbereiten (tiefgründig lockern und mit Kompost verbessern).
- ☙ Zwiebelblumen im Rosenbeet einziehen lassen; falls nötig erst umpflanzen, wenn das Laub vertrocknet ist; Wildzwiebeln im Boden lassen, nur Hybrid-Tulpen ausgraben und bis zum Herbst lagern. Pflanzenschutz schon beim Austrieb vorsehen; Spritzmittel gegen Pilzkrankheiten etc. vorbereiten (vorzugsweise biologische Mittel, z. B. Algenkalk).
- ☙ Wildrosensamen aussäen (vorher stratifizieren).

Mai

- Noch ist Pflanzzeit von Containerpflanzen (also Rosen in Töpfen).
- Kräuter pflanzen (frische Topfpflanzen mit in das Rosenbeet einpflanzen).
- Kletterrosen am Spalier befestigen (z. B. mit Bast binden).
- Störende Pflanzen jäten und Rosenbeet mulchen (mit Rinde oder Rasenschnittgut).
- Rosen pinzieren (lange Triebe rechtzeitig einkürzen, bevor sie Blütenknospen bilden), das fördert buschigen Wuchs.

- Welke Blüten bei frühblühenden Strauchrosen ausputzen (z. B. bei *Rosa spinosissima* „Frühlingsgold").
- Jungpflanzen bei Trockenheit wässern.
- Rechtzeitig Pflanzenschutz betreiben; vorzugsweise biologische Mittel einsetzen (z. B. Blattläuse mit scharfem Wasserstrahl abspritzen); Lavendel gegen Blattläuse hinzupflanzen.
- Wildtriebe aus der Veredelungsunterlage entfernen.

Der Rückschnitt im Frühjahr fördert einen buschigen Wuchs und die Entwicklung vieler Blütentriebe

Juni

- ↝ Noch ist Pflanzzeit für Rosen im Container, auch für blühende Pflanzen.
- ↝ Hauptblütezeit im Rosengarten; jetzt welke Blüten ausputzen (Rückschnitt bis auf ein kräftiges Blatt – in der Blattachsel sitzt eine Knospe, die wieder einen Blütentrieb entwickelt).
- ↝ Hacken und mulchen im Rosenbeet.
- ↝ Pflanzung von Kräutern noch möglich (Lavendel, Katzenminze, Wermut etc.).
- ↝ Kletterrosen heften.
- ↝ Wildrosen nach der Blüte nicht ausputzen, damit sich Früchte entwickeln – nur bei Edelrosen Fruchtansätze entfernen.
- ↝ Ausschau nach neuen Sorten halten (in der Blütezeit Rosengärten besuchen); auch Duft beachten.

- ↝ Ab Monatsende Rosen veredeln (durch Okulation).
- ↝ Formschnittgehölze im Rosengarten trimmen (z. B. Kugelbuchs im Rosenbeet).
- ↝ Wildtriebe entfernen (an kleinen Blättchen erkennbar).

Juli

- ↝ Rosenpflanzung von Containerpflanzen auch im Sommer.
- ↝ Bewässerung in Trockenperioden besonders bei Neuanlagen; nicht auf Blätter gießen, sondern nur auf den Boden.

Denken Sie daran, welke Blüten zu entfernen, indem Sie bis auf ein kräftiges Blatt zurückschneiden. Hier kann sich wieder eine neue Knospe bilden

Hagebutten schmücken mit ihrer leuchtend roten Farbe bis in den Winter hinein den Garten und dienen als Futterquelle für Singvögel

August

- Hohe Stauden im Rosenbeet vor Wind schützen (z. B. Rittersporn mit Staudenstützen).
- Rückschnitt welker Blütenstände regt zu neuer Blütenbildung an und verhindert Fruchtansätze.
- Sichtungsgärten besuchen (auch Gartenschauen) und gute Sorten notieren.
- Rosen veredeln (durch Okulation).
- Wasserstellen einrichten (Quellen, Brunnen).
- Formschnitt bei Kugelbäumchen, Säulen etc. Jäten und mulchen auf freien Beetflächen.
- Kletterrosen heften.
- Pflanzenschutz vorzugsweise mit biologischen Mitteln und Methoden (z. B. Ausputzen von erkrankten Trieben und Blättern).

- Rosenpflanzung von Topfrosen (Containerpflanzen).
- Gießen bei Trockenheit (wenn nötig Urlaubsvertretung organisieren).
- Evtl. Bewässerungssystem einrichten (z. B. Perlschlauch im Beet auslegen).
- Mulchen mit Rindenmulch (keine unbehandelte Baumrinde verwenden, sondern nur fermentiertes Material).
- Wasserstellen schaffen.
- Rückschnitt welker Blütenstände.
- Blüten für die Vase oder zum Trocknen schneiden.
- Pflanzenschutz mit biologischen Mitteln (z. B. kranke Pflanzenteile abschneiden und vernichten). Bodendeckerrosen durch Stecklinge vermehren.
- Rosengärten besuchen für Sortenwahl.

September

- Pflanzzeit von Containerpflanzen; ab Monatsende auch wieder mit losen Wurzeln.
- Günstige Zeit zum Umpflanzen, etwa zum Erhalt wertvoller Sorten an unpassenden Plätzen (allerdings nur bei jungen Rosenstöcken erfolgreich).
- Umpflanzung und Teilung von Stauden und Kräutern im Rosengarten.
- Marode Rosenbeete nach Erdaustausch (etwa bei Krankheiten oder Ermüdungserscheinungen) oder Standortwechsel neu gestalten.
- Fruchtansätze bei Beetrosen sowie kranke Pflanzenteile entfernen.
- Falllaub vom Boden entfernen und somit Ausbreitung von Pilzkrankheiten verhindern.
- Zwiebeln im Rosengarten für das Frühjahr pflanzen.
- Mulchen mit Rindenmulch (Boden vorsorglich zum Schutz vor Austrocknung, Vernässung und Unkrautwuchs dick bedecken).
- Gießen bei Trockenheit.

Oktober

- Beste Pflanzzeit für alle Rosen-Typen mit losen Wurzeln.
- Rosenstämmchen nach Pflanzung stützen und gut einpacken (z. B. mit Holzwolle und Acrylfasergewebe).
- Umgestaltung im Rosengarten mit Umpflanzarbeiten; alte Rosen nicht mehr umpflanzen. Frostschutz vorbereiten (Fichtenreisig besorgen, Stallmist oder Kompost herrichten).
- Falllaub im Rosenbeet entfernen und vernichten (wegen Pilzinfektionsgefahr nicht liegen lassen).
- Rosen im Herbst nur ausputzen und einkürzen (Rückschnitt erfolgt erst im Spätwinter).
- Hagebutten bei Wildrosen für Singvögel und als Fruchtschmuck erhalten.
- Für das Frühjahr Zwiebeln im Rosenbeet pflanzen.
- Wasserleitungen und frostempfindliche Wasserbecken leeren, wenn frostgefährdet, um Schäden zu vermeiden.

November

- Noch ist Pflanzzeit für alle Rosen-Typen mit losen Wurzeln (bei frostfreiem Boden).
- Rosen nur ausputzen, dann mit Erde anhäufeln; Rückschnitt erst im Spätwinter.
- Rosenstämmchen einpacken (z. B. mit Stroh und Jute, Holzwolle oder Fichtenreisig).
- Rosenfrüchte (Hagebutten) nun ernten und die Samen in Kisten mit feuchtem Sand einschichten (stratifizieren); im Freien platzieren.
- Rosenlaub aus dem Beet rechen und vernichten (wegen Übertragungsgefahr von Pilzsporen, die sich an den Blättern befinden).
- Wasserstellen und -leitungen im Rosengarten leeren, wenn frostgefährdet, um Schäden zu vermeiden.
- Zwiebeln im Rosengarten pflanzen für das kommende Frühjahr, auch Wildarten zum Verwildern.

Dezember

- Frostschutz kontrollieren, falls nötig noch anbringen.
- Falls noch nicht geschehen, Beetrosen anhäufeln (mit Kompost oder verrottetem Mist).
- Rosen in Kübeln geschützt platzieren (aber im Freien oder in kühlen Räumen, nicht für Wohnräume geeignet).
- Planung für das nächste Jahr beginnen.
- Robuste Rosen bleiben manchmal bis zum Winter grün und bringen noch vereinzelte Blüten hervor (diese Blüten erhalten).
- Topfröschen nur im Winter drinnen lassen; im Frühjahr ins Freie stellen.
- Rosen-Kataloge anfordern und Sorten für Neupflanzungen auswählen.
- Geräte für die Rosenpflege reparieren, reinigen und aufbewahren (Scheren schleifen).
- Neue Werkzeuge aussuchen und bestellen (z. B. Rosenschere).

Frostharte Rosen vertragen Temperaturen bis -5 °C, sehr frostharte Sorten sogar bis -15 °C

Material- und Werkzeugliste

Jedes neue Gartenprojekt erfordert eine intensive Planung. Um dabei nicht den Überblick zu verlieren, ist eine Checkliste sehr hilfreich. Im nachfolgenden Beispiel dient diese zur Anlage eines Rosenbeetes (s. S. 21 f.). Diese Liste soll eine Anregung sein und lässt sich natürlich für jedes andere Projekt abwandeln und anwenden.

CHECKLISTE

Checkliste für die Rosenpflanzung

Pflanzen (Gartencenter, Züchter, eigene Ableger)	vorhanden	bestellt	noch zu besorgen
Edelrosen	☐	☐	☐
Wildrosen	☐	☐	☐
Beetrosen	☐	☐	☐
Strauchrosen	☐	☐	☐
Kletterrosen	☐	☐	☐
Bodendecker	☐	☐	☐
_____ (Platz für eigene Wünsche)	☐	☐	☐
_____ (Platz für eigene Wünsche)	☐	☐	☐
_____ (Platz für eigene Wünsche)	☐	☐	☐

CHECKLISTE

Substrate, Bodenverbesserungsmittel (Gartencenter, eigener Garten)	vorhanden	bestellt	noch zu besorgen
Kompost	☐	☐	☐
Knochen- oder Hornmehl	☐	☐	☐
Kuhmist	☐	☐	☐
Geräte, Werkzeuge (Baumarkt, evtl. beim Nachbarn ausleihen)	vorhanden	bestellt	noch zu besorgen
Schubkarre	☐	☐	☐
Spaten	☐	☐	☐
Grabgabel	☐	☐	☐
Gießkanne	☐	☐	☐
Rosenschere	☐	☐	☐
Handschuhe	☐	☐	☐

Register

– *R. rugosa* → Kartoffelrose
– *R. foetida* → Kapuzinerrose
– *R. gallica* → Essigrose
– *R. glauca* → Hechtrose
– *R. hugonis* → Goldrose
– *R. majalis* → Mairose
– *R. moyesii* → Mandarinrose
– *R. multiflora* → Vielblütige Rose
– *R. nitida* → Glanzrose
– *R. nutkana* → Nutkarose
– *R. officinalis* → Apothekerrose

– *R. omeiensis* → Stacheldrahtrose
– *R. pendulina* → Alpenrose
– *R. pimpinellifolia* → Dünenrose
– *R. setigera* → Prärierose
– *R. sweginzowii* → Großfrüchtige Rose
– *R. villosa* → Apfelrose
– *R. virginiana* → Virginische Rose
Winterschutz 41 f., 85
Wollziest → Ziest

Ziest 8, 81

Bildnachweis

Wir bedanken uns bei allen Bildlieferanten, die uns durch die Bereitstellung von Abbildungen freundlicherweise unterstützt haben.

djd/deutsche journalisten dienste: djd/Rosen Tantau 37 r.
fotolia.com: Yang MingQi (florales Muster) 4, 12, 15, 23, 25, 38, 48, 54, 77, 83; Michael Wolf 8; emer 9; Doc RaBe 10; Carmen Steiner 11; LianeM 16 u.; FM2 19; Piotr Wawrzyniuk 24; Marina Lohrbach 25 (auch nachfolgende Kolumnentitel), 64 l.; richards villalon 26; Phoenixpix 27; Zanni 28; petrabarz 33 o.; Petra Geißler 34; jscalev 35; Maxim Loskutnikov 39; Alexander Zhiltsov 41; Hansjuerg Hutzli 48 (auch nachfolgende Kolumnentitel); victoria p. 54; Alterfalter 77; Harald Lange 78; Peter Christian Koch 79; kernel 81; lazysunbathers 82; Kzenon 88; Andrey Ivanov 89; Peggy Boegner 91
Himmelhuber, Peter: 37 l., 44, 45, 50 r., 51 l., 55 r., 57 l., 59, 66, 68, 72 r., 74 r., 75, 76
istockphoto.com: Angelafoto 4 (auch nachfolgende Kolumnentitel), 13 l.; onepony 6; Geoff-Hardy 12; deetone 13 r.; Lya_Cattel 14 l.; Madzia71 14 r., 22; cjp 20; -lvinst- 23; vitcom 27; cotesebastien 30; Silberkorn 38; Brytta 80
mauritius images: 33
pixelio.de: rainerdorf 15 (auch nachfolgende Kolumentitel), Silke&Frank 85
polylooks.de: Zoonar 5; Zoonar/KULISH VIKTORIIA 7; Zoonar/Jörg Pfeiffer 29; Zoonar/Elena Elisseeva 40, 43; ingwio/Ralf Neumann 42; Zoonar/Manuela Schüler; Zoonar/Werner Hilpert 49; Zoonar/Reinhard Schäfer 72 l.; Zoonar 74 l., 86, 87; karin59/Karin Jähne 82 (auch nachfolgende Kolumnenttitel)
Seitz, Wolfgang: 50, 51 r., 52, 53, 55 l., 57 r., 61–63, 64 r., 67, 73
WOLF-Garten: 16 o., 17 f.